Duden

WISSEN >> ÜBEN >> TESTEN

Französisch

3., aktualisierte Auflage

1.
Lernjahr

Dudenverlag
Berlin

Bibliografische Information der Deutschen Nationalbibliothek
Die Deutsche Nationalbibliothek verzeichnet diese Publikation in der Deutschen Nationalbibliografie; detaillierte bibliografische Daten sind im Internet über http://dnb.d-nb.de abrufbar.

Bibliographisches Institut GmbH
Mecklenburgische Straße 53, 14197 Berlin

Redaktionelle Leitung Anika Donner
Redaktion Elke Spitznagel
Autorin Ulrike Jahn-Sauner, Elke Spitznagel (Klappe)
Sprecher Jean Faure, Chantal Schlicht-Mossaz

Herstellung Maike Häßler
Layout Horst Bachmann
Illustration Carmen Strzelecki
Umschlagabbildung Fotolia

Satz Katrin Kleinschrot, Stuttgart
Druck und Bindung Offizin Andersen Nexö Leipzig GmbH
Spenglerallee 26–30, 04442 Zwenkau
Printed in Germany

ISBN 978-3-411-72743-8

www.duden.de

Inhaltsverzeichnis

1 Substantive und ihre Begleiter

1.1 Substantiv

Das Genus (Geschlecht)

Im Deutschen kann ein Substantiv männlich (maskulin), weiblich (feminin) oder sächlich (neutrum) sein. Im Französischen hingegen gibt es **nur Maskulinum und Femininum.** Oft stimmt deshalb das Geschlecht im Deutschen und Französischen nicht überein.	**le** chien – **der** Hund **la** souris – **die** Maus *aber:* **la** voiture – **das** Auto **le** chat – **die** Katze **le** citron – **die** Zitrone **la** pomme – **der** Apfel **la** salade – **der** Salat **le** lit – **das** Bett
Merke: Du musst das Substantiv immer zusammen **mit dem Artikel** lernen. Substantive, die mit Vokal oder stummem *h* beginnen, merkst du dir am besten mit dem unbestimmten Artikel.	**un** hôtel (*statt:* l'hôtel) **une** orange (*statt:* l'orange)
■ Wie im Deutschen gibt es bei **Personenbezeichnungen** meist ein Wort für Maskulinum und eines für Femininum.	la mère – le père la sœur – le frère
■ Manchmal wird für die **feminine** Bezeichnung an das männliche Substantiv nur ein **-e angehängt.**	un ami – une amie un Français – une Française
■ In einigen Fällen gibt es **zwei ganz ähnliche Wörter.**	un vendeur – une vendeuse le copain – la copine
■ Gelegentlich gibt es nur **ein Substantiv für beide Geschlechter,** dann gibt der Artikel das Geschlecht an.	un élève – une élève un enfant – une enfant
■ Substantive auf ***-age*** sind in der Regel **Maskulinum.**	le garage – un **étage** *aber:* **la** plage (der Strand)
■ Substantive auf ***-ée*** sind fast immer **Femininum.** Es gibt nur wenige Ausnahmen.	la journée – une entrée *aber:* **le** musée
Achtung: Manchmal ist der **Artikel bedeutungsunterscheidend!**	
le tour – Rundgang, Rundfahrt	**Le** tour de France commence en juillet.
la tour – Turm	Voilà **la** tour Eiffel.
le cours [kur] – Unterrichtsstunde	J'aime bien **le** cours d'allemand.
la cour [kur] – Hof	Tu vois **la** cour de notre collège.

Der Plural (Mehrzahl)

Normalerweise wird im Plural an das Substantiv ein *-s* gehängt, das nicht gesprochen wird. Der Artikel steht ebenfalls im Plural.	**le** livre → **les** livres **la** fleur → **les** fleurs **un** cahier → **des** cahiers **une** voiture → **des** voitures
Substantive auf *-eau* oder *-eu* erhalten im Plural ein *-x*.	le cadeau → les cadea**ux** le jeu → les jeu**x**
Substantive auf *-al* oder *-ail* erhalten im Plural die Endung *-aux*.	le journal → les journ**aux** le travail → les trav**aux**
Substantive auf *-s* oder *-x* bleiben im Plural unverändert.	la souris → les souri**s** le prix → les pri**x**
Unverändert bleiben Familiennamen und Abkürzungen.	les Lacombe les CD – les BD (Comic)
Es gibt folgende Sonderformen: *madame – mesdames* *monsieur – messieurs* *mademoiselle – mesdemoiselles*	Bonjour, mesdames et messieurs. Au revoir, mesdemoiselles.
▪ **Zusammengesetzte Substantive** hängen im Plural ein *-s* an das **erste** Substantiv. ▪ Handelt es sich um eine Verbindung aus **Adjektiv + Substantiv,** so kommt an beide Teile ein Plural-*s*. ▪ Diese Substantive solltest du dir gut einprägen, da sie im Plural unverändert bleiben: *le porte-monnaie – les porte-monnaie* *le rendez-vous – les rendez-vous*	la salle de bains → les salle**s** de bains un bloc à dessin → des bloc**s** à dessin mon grand-père → mes grand**s**-père**s** la grand-mère → les grand**s**-mère**s** une carte postale → des carte**s** postale**s** Elle a deux porte-monnaie. Il a toujours des rendez-vous.
Manche Substantive kommen **nur im Plural** vor.	les maths / les mathématiques les toilettes

WISSEN

ÜBUNG 1 Setze den bestimmten Artikel.

la rue	citron	voiture	table
chaise	tableau	chambre	film
maison	télé	lit	pomme

ÜBUNG 2 Höre dir Track 1 auf der CD an. Dort werden verschiedene Personenbezeichnungen genannt. Nenne jeweils die entsprechende weibliche oder männliche Bezeichnung. Anschließend hörst du alle Substantive noch einmal. Schreibe sie mit Artikel in dein Übungsheft. Höre dir den Track dazu ggf. erneut an.

1

ÜBUNG 3 Die Schlange enthält neun Substantive. Schreibe sie auf die Linien und füge den bestimmten Artikel hinzu.

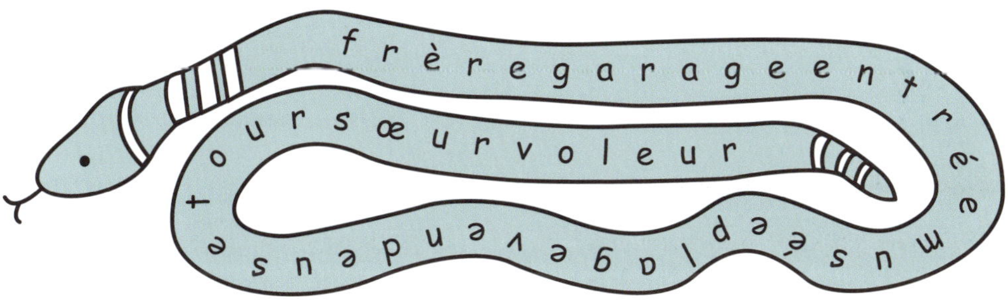

ÜBUNG 4 Füge den bestimmten Artikel hinzu und setze die Substantive in den Plural.

téléphone	→	les	
jeu	→	les	
gâteau	→	les	
travail	→	les	
salon de thé	→	les	
grand-mère	→	les	
cours	→	les	

ÜBEN

ÜBUNG 5 *Qu'est-ce que c'est?* – **Was ist das? Ergänze die Sätze.**

Ce sont ____ de Luc. 

Ce sont ____ des pantalons.

Ce sont ____ et ____ de Nathalie. 

Ce sont ____ de mon père. 

Ce sont ____ .

C'est ____ de Pise. 

ÜBUNG 6 **Fehlen hier Buchstaben?**

les fille ____ et le fil ____ une pomme ____ une souri ____

des chapeau ____ un jeu ____ des salle ____ de séjour ____

Madame ____ Lagrange ____ et les Dupont ____

ÜBUNG 7 **Übersetze die folgenden Sätze.**

Die Neveus wohnen in Paris.

____

Nadine schaut die DVDs von Luc an.

____

Victor hört die CDs von Sabine.

____

Das Auto von Papa ist in der Garage.

____

In der Wohnung von Monique gibt es drei Badezimmer.

____

ÜBEN

1.2 Bestimmter und unbestimmter Artikel

Wie im Deutschen gibt es im Französischen den bestimmten und den unbestimmten Artikel.
- Der **unbestimmte Artikel** begleitet ein nicht näher bestimmtes Substantiv,
- der **bestimmte Artikel** bezeichnet ein näher bestimmtes Substantiv.

Laurette regarde **un livre.**
C'est **le livre** de Luc.

C'est **un** plan de Paris? – Oui, c'est **un** plan de Paris.
C'est **le** plan de Nathalie? – Non, c'est **le** plan de maman.

Der unbestimmte Artikel

Der unbestimmte Artikel hat folgende Formen:

	maskulin	feminin
Sg.	*un garçon*	*une fille*
Pl.	*des garçons*	*des filles*

Beachte: Vor Vokal und stummem *h* werden ***un*** und ***des*** **gebunden** ausgesprochen.

Dans l'appartement de Pascal, il y a **une** chambre, **un** salon, **une** salle de bains et **une** cuisine.
Voilà **des** pommes et **des** citrons.

un ordinateur – **des** ordinateurs
un hôtel – **des** hôtels
[ɛ̃n] [dez]

Anders als im Deutschen und im Englischen gibt es im Französischen den **unbestimmten Artikel auch im Plural.** In der Übersetzung steht das Substantiv dann **ohne Artikel** (Nullartikel).

Voilà une maison. – Ce sont **des** maisons.

Deutsch: ein Haus – __ Häuser
Englisch: a house – __ houses

Der bestimmte Artikel

Der bestimmte Artikel hat folgende Formen:

	maskulin	feminin
Sg.	*le garçon*	*la fille*
	l'anorak	*l'étagère*
Pl.	*les garçons*	*les filles*

Vor Vokal und stummem *h* steht im Singular nur *l'*.

Paul regarde **le** vélo de Luc.
Voici **la** voiture de Mme Richard.
Virginie écoute **les** chansons de Faudel.
Voilà **les** restaurants «Bofinger» sur le plan de Paris.

Madame Durafour travaille à **l'**hôpital.
Regarde **l'**arbre de Mme Noblet.

Aufgepasst: Bei den Wochentagen steht der bestimmte Artikel, wenn eine **Regelmäßigkeit** ausgedrückt werden soll.

Pascal travaille **le lundi.** (montags / jeden Montag)
Le mercredi, il regarde un film. (mittwochs / jeden Mittwoch)

ÜBUNG 8 ***Qu'est-ce que c'est?*** **Setze den unbestimmten Artikel ein.**

C'est ____ . 

C'est ____ . 

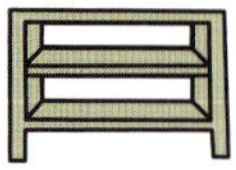 C'est ____ .

 Ce sont ____ .

ÜBUNG 9 **Marc zeigt seinen Freunden Fotos: *C'est à qui?* – Wem gehört das? Setze den bestimmten Artikel ein.**

C'est ____ voiture de Pascal.

Ce sont ____ fleurs de ma mère.

Et ça? – C'est ____ jardin de ma tante.

Voici ____ élèves de mon oncle. Il est professeur de maths.

ÜBUNG 10 **Füge den bestimmten oder den unbestimmten Artikel ein.**

l'appartement → ____ appartements

____ copain → des copains

une sœur → ____ sœurs

____ quartier → les quartiers

la rue → ____ rues

ÜBUNG 11 **Setze den bestimmten oder den unbestimmten Artikel ein.**

Nous sommes dans ____ jardin de ma grand-mère.

Pierre et Claudine discutent sur ____ banc.

Puis, Pierre regarde ____ fleurs des voisins.

Claudine cherche ____ champignons.

Ma grand-mère arrive: elle porte ____ champignons dans la cuisine.

Moi, je joue avec ____ chats.

Ce sont ____ chats de ma sœur. J'aime ____ chats.

Mais où est ma sœur? Elle est dans ____ maison et prépare ____ dîner.

ÜBEN

WISSEN +

***aimer / détester* + bestimmter Artikel**
Bei Verben wie *aimer* und *détester*, die eine **Zuneigung oder Ablehnung** ausdrücken, steht immer der **bestimmte Artikel.** Im Deutschen hingegen steht kein Artikel.

J'**aime le** fromage. (Ich mag __ Käse.)
Je **déteste les** tests. (Ich hasse __ Tests.)

ÜBUNG 12 **Welcher Artikel passt?**

la | le | les | un | une | des

Dans le jardin, il y a ______ fleurs.

Qui est-ce? – C'est ______ amie. Et ça, c'est ______ mère de Céline.

J'adore ______ olives.

______ dimanche, je ne travaille pas et je mange ______ steak.

ÜBUNG 13 **Übersetze die folgenden Sätze.**

Mittwochs und samstags ist Markt.

______

Auf dem Markt sind Stände mit Obst und Gemüse.

______

Dort gibt es Äpfel, Zitronen, Tomaten und Blumen.

______

Wir lieben Äpfel, Zitronen und Blumen, aber wir mögen Tomaten überhaupt nicht.

______

______

Heute gibt es Orangen.

______

Ich mag Orangen sehr.

______

1.3 Präposition und bestimmter Artikel

de + bestimmter Artikel

Die Präposition *de* bestimmt ein Substantiv genauer oder ergänzt ein Verb.
Steht die Präposition *de* vor dem bestimmten Artikel, musst du aufpassen, denn ***de* verschmilzt** mit *le* zu ***du*** und mit *les* zu ***des*** (zusammengezogener Artikel):

C'est le salon **de** Claire.
Il parle **de** Nicole.

de + le → ***du***	Voilà la maison **du** copain.
de + la → *de la*	Voici la voiture **de la** copine.
de + l' → *de l'*	C'est le camping **de l'**ami de Pauline.
de + les → ***des***	Ce sont les magasins **des** voisins.

Beachte: Es gibt **keine Verschmelzung** mit den Artikeln *la* und *l'*.

Ma mère parle **de la** cantine **du** collège.

à + bestimmter Artikel

Die Präposition *à* leitet eine Ortsangabe ein oder ergänzt ein Verb.
Steht die Präposition *à* vor dem bestimmten Artikel, musst du aufpassen, denn *à* verschmilzt mit *le* zu ***au*** und mit *les* zu ***aux*** (zusammengezogener Artikel):

Il est **à** Paris.
Il montre des photos **à** Nicole.

à + le → ***au***	Les élèves vont **au** collège.
à + la → *à la*	Nathalie mange **à la** cantine.
à + l' → *à l'*	Le prof est **à l'**école.
à + les → ***aux***	Ils montrent des photos **aux** élèves.

Beachte: Es gibt auch hier **keine Verschmelzung** mit den Artikeln ***la*** und ***l'***.

Merke: Die Formen ***de l'*** und ***à l'*** stehen immer vor Vokal und stummem *h*.

Jacques parle **de l'**hôtel de ville (Rathaus) et **de l'**auberge de jeunesse (Jugendherberge).
Mes amis habitent **à l'**hôtel et mangent **à l'**Auberge «Napoléon».

ÜBUNG 14 **Bilde die richtige Form: *à* + bestimmter Artikel.**

ÜBUNG 15 **Ergänze die Sätze mit *à* und dem bestimmten Artikel.**

Christophe est ____ maison.

Mathilde et Claire vont ____ marché.

Les parents de Michel montrent des photos ____ amie.

Marianne téléphone ____ copains et ____ copines.

ÜBUNG 16 **Was muss hier stehen? Ergänze aus dem Wortspeicher.**

de l' – de la – des – de l' – du – des – de la – du – des – de l' – du

Voilà la cantine ____ collège.

Et là, c'est la salle de classe ____ 5ᵉ B.

Sur la photo, il y a aussi le jardin ____ école.

Et voilà des photos ____ classes ____ collège «Arthur Rimbaud».

Voilà M. Bruel, le professeur d'allemand ____ classe 5ᵉ B.

Il apporte les interrogations ____ élèves.

Les élèves font les corrigés ____ interrogations.

Martina, la correspondante ____ amie de Pascal, est aussi dans ma classe.

Elle parle ____ Allemagne et ____ voyage en France.

ÜBUNG 17 **Bilde Sätze mit *faire* + *de* + bestimmter Artikel.**

Nathalie ______

Simone ______

Adrien ______

Clara ______

WISSEN

jouer à* oder *jouer de?

- Das Verb *jouer* steht mit *à*, wenn es sich um eine Sportart oder ein Spiel handelt.
- Das Verb *jouer* steht mit *de*, wenn es sich um ein Musikinstrument handelt.

Nous jouons **au foot.**
Elle aime jouer **aux échecs.** (Schach)

Tu joues **d'un instrument?**
Oui, je joue **du piano** et **de la flûte.**

ÜBUNG 18 **Ergänze den Text mit *à, au, aux, à la* oder *à l'*.**

C'est le week-end. Les Durand sont ______ Paris.
______ 9 heures, ils vont ______ marché.
______ stands, il y a des fruits et des légumes.
Les Durand apportent des oranges ______ grands-parents.
Après, Mme Durand va ______ boulangerie et ______ épicerie.
______ caisse, il y a des amis et on parle.
______ midi, ils vont ______ maison.
Mme Durand joue ______ piano et M. Durand joue ______ cartes.

1.4 Adjektiv

Die Angleichung des Adjektivs

Adjektive beschreiben **Eigenschaften.** Im Französischen richten sich Adjektive in **Genus (Geschlecht)** und **Numerus (Zahl)** nach dem Substantiv, auf das sie sich beziehen ***(accord):***

le **grand** homme (der große Mann)
un **petit** enfant (ein kleines Kind)

- Die **feminine Form** wird durch das Anhängen eines *-e* gebildet. Endet ein Adjektiv im Maskulinum auf *-e,* so ist die feminine Form gleich.

un petit chat – une petit**e** souris
un test facil**e** – une interrogation facil**e**
un pull roug**e** – une tomate roug**e**

- Im **Plural** erhalten maskuline Adjektive in der Regel ein *-s,* feminine Adjektive *-es.*

un grand musée – des grand**s** musées
une grand**e** maison – des grand**es** maisons

- Bezieht sich das Adjektiv auf mehrere Substantive **verschiedenen** Geschlechts, so wird die **maskuline** Form des Adjektivs verwendet.

des robes et des pulls **blancs**
des filles et des garçons **contents**

	maskulin	feminin
Sg.	*grand*	*grande*
Pl.	*grands*	*grandes*

Adjektive können wie im Deutschen und Englischen durch ein **Verb** (deutsch: *sein,* englisch: *to be,* französisch: *être*) mit dem Substantiv verbunden sein **(prädikativer Gebrauch).**

Le livre est **intéressant.**
Le fromage est **bon.**
La souris est **petite.**
La fille est très **jolie.**
L'histoire est **vraie.**

Achtung: Im Unterschied zum Deutschen richtet sich auch das **prädikativ** verwendete Adjektiv nach dem **Bezugswort** (Substantiv).

la **grande** tour Eiffel (der große Eiffelturm)
La tour Eiffel est **grande.** (Der Eiffelturm ist groß.)

Bei den **femininen** Formen der Adjektive kann man hörbare und nicht hörbare Formen unterscheiden.

Merke: Durch das angefügte *-e* wird der sonst stumme Endkonsonant (Mitlaut) hörbar. Wenn die männliche Form auf einen Vokal (Selbstlaut) endet oder der Endkonsonant hörbar ist, so gibt es lautlich keinen Unterschied bei der femininen Form.

Hörbare Formen:
le grand fleuve [gʀɑ̃] – la grande rue [gʀɑ̃d]
le cahier vert [vɛʀ] – la couleur verte [vɛʀt]
un classeur gris [gʀi] – une jupe grise [gʀiz]

Nicht hörbare Formen:
un joli jardin [ʒɔli] – une jolie fille [ʒɔli]
un anorak bleu [blø] – une robe bleue [blø]
un pantalon noir [nwaʀ] – une jupe noire [nwaʀ]

Beachte folgende **Sonderformen** im Femininum:		
blanc – ***blanche*** (weiß)	[blɑ̃ / blɑ̃ʃ]	un chat **blanc** – une souris **blanche**
bon – ***bonne*** (gut)	[bɔ̃ / bɔn]	un **bon** repas – une **bonne** orange
cher – ***chère*** (lieb, teuer)	[ʃɛʀ]	Le livre est **cher.** – **Chère** Marie, ...
long – ***longue*** (lang)	[lɔ̃ / lɔ̃g]	un **long** fleuve – La rue est **longue.**
fou – ***folle*** (verrückt)	[fu / fɔl]	Luc, tu es **fou!** – Sabine est **folle.**
faux – ***fausse*** (falsch)	[fo / fos]	C'est **faux.** – une réponse **fausse**

Adjektive, die im Maskulinum Singular auf ***-if*** enden, erhalten im Femininum die Endung ***-ive.***

un fils sport**if** – une fille sport**ive**
des fils sport**ifs** – des filles sport**ives**

Adjektive, die im Maskulinum Singular bereits auf ***-x*** oder ***-s*** enden, bleiben im Plural gleich.

un exemple faux – des exemples faux
un corres français – des corres français

Einige Adjektive sind **unveränderlich.** Dazu zählen ***marron*** (braun), ***orange*** und ***super.***

une jupe **marron**
des pantalons **orange**
des CD **super**

Das Adjektiv ***sympa*** ist im Singular unveränderlich, im Plural bekommt es ein ***-s.***

un monsieur **sympa** – une fille **sympa** – des dames **sympas**

Die Stellung des Adjektivs

Im Französischen steht das Adjektiv – im Gegensatz zum Deutschen und Englischen – meist **nach dem Substantiv.**

un livre **intéressant**
une jupe **noire**

Nur wenige Adjektive, die sehr häufig verwendet werden, stehen **vor dem Substantiv.** Dazu gehören:

grand (groß)	un **grand** chien
petit (klein)	une **petite** souris
bon (gut)	un **bon** vin
mauvais (schlecht)	un **mauvais** fromage
cher (teuer, lieb)	mon **cher** ami
joli (hübsch)	une **jolie** fille
vrai (wahr)	une **vraie** histoire

ÜBUNG 19 Höre dir Track 2 auf der CD an und setze dabei die Adjektive der Reihe nach in die Lücken ein. Gleiche das Adjektiv an das Substantiv an, falls nötig.

2

1. une ______ maison	2. un ______ chat	3. des ______ filles
4. des histoires ______	5. des pulls ______	6. une ville ______
7. des chiens ______	8. une salade ______	9. les jeux ______

ÜBUNG 20 Finde zu jedem Substantiv das passende Adjektiv. Gleiche es an und füge den unbestimmten Artikel hinzu. Schreibe in dein Übungsheft.

allemand, bon, mauvais, intéressant, blanc, marron, long, vert, rouge

livres, chats, phrase, dames, notes, tarte, nature, tomates, pain

ÜBUNG 21 Gleiche das Adjektiv an das zugehörige Substantiv an und achte auf die Stellung des Adjektivs!

petit: Claire est une ______ fille ______.

grand: Gérard est un ______ garçon ______.

intéressant: Ludovic regarde une ______ BD ______.

bizarre: Monique et Frédéric adorent les ______ histoires ______.

joli: Mélanie aime bien les ______ robes ______.

ÜBUNG 22 Füge die passenden Wörter zusammen. Schreibe in dein Übungsheft.

un	maison	français
une	arbre	vert
des	musique	bonne
le	filles	rouges
la	voitures	super
l'	nom	grande
les	film	jolies

ÜBEN

ÜBUNG 23 **Im folgenden Text sind zehn Fehler versteckt. Verbessere sie auf den Schreiblinien darunter.**

ACHTUNG FEHLER

Voilà les Durands. Ils sont une grand famille. M. et Mme Durand ont quatre

petites enfants: Luc, Sandra, Claire et Joséphine. Ils ont aussi un chien bizarre.

Il adore les chats. La maison est super et les chambres sont grands. La cuisine

est intéressant, il y a trois réfrigérateurs *(Kühlschränke)*. La salle de bains est vert

et noir. Quelle horreur! Le jardin est jolie. Il y a des fleurs bleus et rougs.

ÜBUNG 24 ***Voilà Christine.*** **Sieh dir Christine genau an und höre anschließend Track 3 auf der CD an. Beantworte die Fragen. Wiederhole Track 3 und schreibe deine Antworten auf.**

3

1. Oui, elle
2.
3.
4.
5.

ÜBUNG 25 **Übersetze die folgenden Sätze und schreibe sie in dein Übungsheft.**

Alice ist ein deutsches Mädchen. Sie ist sehr sportlich.
Im Laden gibt es grüne Äpfel, rote Tomaten und spanische Zitronen.
Isabelle ist eine gute Schülerin. Sie hat eine deutsche Brieffreundin.
Pierre trägt heute eine schwarze Hose und ein blaues Hemd, Laurence trägt orangefarbene Jeans und braune Schuhe *(la chaussure)*.
Patricia ist ein sympathisches Mädchen, weil sie immer zufrieden ist.

Klassenarbeit 1

45 Minuten

AUFGABE 1 **Setze die Artikel wie angegeben vor die Substantive.**

Substantiv	unbestimmter Artikel	bestimmter Artikel
arbre		
voitures		
photo		
amie		

AUFGABE 2 **Bilde den Plural der folgenden Substantive.**

1. le travail _____
2. l'hôtel _____
3. le prix _____
4. un CD _____
5. un cadeau _____
6. une histoire _____

AUFGABE 3 **Ergänze den bestimmten oder den unbestimmten Artikel.**

Voici _____ crayon. C'est à qui? – C'est _____ crayon de Pascal.
Voilà _____ dessins. Ce sont _____ dessins de Monique? – Non.
Je cherche _____ papeterie. – Voici _____ papeterie de Mme Bernard.
Où sont _____ livres de Paul? Ils sont sur _____ étagère? – Non, ils sont sous _____ lit de Paul.

AUFGABE 4 **Die Präposition *à* + bestimmter Artikel: Übersetze die Wörter in Klammern.**

Ils vont _____. (in die Schule)
Luc est _____. (zu Hause)
Nous allons _____. (ins Krankenhaus)
Ce soir, nous sommes _____. (im Kino)
Nadine fait ses courses _____. (auf den Märkten von Paris)

AUFGABE 5 **Setze *de, du, de la, de l'* oder *des* ein.**

Qu'est-ce que c'est? – C'est la BD ___ Astérix.
C'est la maison ___ parents ___ Luc? – Non, c'est la maison ___ frères ___ copine Margot.
Le restaurant ___ hôtel est bon? – Non, pas du tout. Je vais à la cantine ___ collège Clément. Elle est très bonne.
Voilà le chat noir ___ voisins.

AUFGABE 6 **Fülle die Lücken im Text aus. Zwei Formen bleiben übrig.**

> de – du – de la – de la – de l' – de l' – de l' – des – des – à – au – aux – à la – à l'

Aujourd'hui, M. Lacombe raconte l'histoire ___ rue Rivoli ___ son fils Robert et ___ copains ___ Robert.
Il montre ___ photos ___ mairie *(Rathaus)* et ___ magasins.
Après, ils vont ensemble ___ mairie.
Robert: «Regarde la façade *(Fassade)* ___ hôtel Rivoli. C'est super!»
M. Lacombe: « ___ entrée ___ hôtel, il y a un grand salon. On entre et on regarde le salon ___ entrée?»

AUFGABE 7 **Übersetze die folgenden Sätze und schreibe sie in dein Übungsheft.**

Machen wir heute Sport in der Schule?
Seid ihr einverstanden?
Danach gehen wir nach Hause und hören CDs an.
Wir spielen Karten oder Tennis.
Luc spielt Gitarre und wir singen Lieder von Faudel. *(chanter une chanson)*
Pierre fährt Ski.
Sandrine ist ein hübsches Mädchen.
Sie liebt blaue Hosen, grüne Pullis und gute Musik.
Ich mag keine grauen Hosen.

Klassenarbeit 2

45 Minuten

AUFGABE 8 **Ergänze, wenn nötig, die fehlenden Endungen der Substantive.**

Sophie crie: Il y a une souri ___ dans la cour ___.

J'aime bien les cour ___ d'anglais à l'école.

Nathalie écoute les CD ___ de Pierre et Léa regarde les BD ___ des Bruel ___.

Sur la table, il y a un grand gâteau ___ et des cadeau ___ d'anniversaire pour Louis.

Maman est dans la salle de bain ___ et papa lit le journal ___ dans la salle de séjour ___.

Voilà des carte ___ postale ___ de la tour Eiffel.

Julie achète deux bloc ___ à dessin ___.

AUFGABE 9 **Setze jeweils den bestimmten oder den unbestimmten Artikel ein. In acht Fällen musst du außerdem *de* oder *à* ergänzen. Achte dabei auf die Verschmelzung des bestimmten Artikels mit *de* und *à*.**

Mon père adore ___ champignons, mais il déteste ___ fromage.

___ samedi, Mme Bertrand va ___ marché aux fleurs.

J'aime bien ___ chats. Est-ce que tu as vu ___ petit chat de Pascal?

___ mercredi, Alice joue ___ échecs, ___ jeudi, elle joue ___ flûte.

Voilà le vélo ___ amie de Barbara.

Aujourd'hui, Antoine fait ___ courses.

___ supermarché, il achète ___ oranges, ___ légumes, ___ salade, ___ pommes de terre et ___ citron. ___ la boulangerie, il trouve ___ croissants et ___ baguettes.

Sabine parle ___ robe de Camille.

___ cantine, il y a ___ gratin de pommes de terre ou ___ spaghettis.

Est-ce que tu manges ___ tarte de Luc ou ___ glace de Pierre?

TESTEN

AUFGABE 10 **Melina ist bei ihren Freunden in Südfrankreich. Gleiche das Adjektiv an das zugehörige Substantiv an und achte auf die Stellung des Adjektivs.**

Antibes est une _____ ville _____ (petit) près de Nice.

Il y a des _____ hôtels _____ (bon), des _____ maisons _____ (joli) et un _____ musée _____ (intéressant).

La maison de mes amis est _____ (grand), mais la salle de séjour est très _____ (petit).

Derrière la maison, il y a un _____ jardin _____ (joli) avec des _____ arbres _____ (grand) et des _____ fleurs _____ (blanc).

Mes amis sont _____ (super) et très _____ (sympa).

AUFGABE 11 **Markiere alle Adjektive und prüfe, ob ihre Formen richtig sind. Streiche falsche Formen durch. Korrigiere die Sätze in deinem Übungsheft.**

ACHTUNG FEHLER

Fais attention. C'est une réponse faux.
Le soir, maman me raconte des histoires vrais.
Aujourd'hui, je porte ma jupe marrone et mes chaussures oranges.
Fabien et Luc sont grandes et très sportives.
Mes chers amies, ce soir nous préparons un bonne repas.

AUFGABE 12 **Übersetze. Schreibe die Sätze in dein Übungsheft.**

Sabine packt ihren Koffer *(faire la valise)*: Sie nimmt die blauen Schuhe, das weiße Kleid, die weiße Hose und den schwarzen Rock.
Das ist aber eine lange Straße!
Ihr seid verrückt, Madeleine und Christine!
Montags geht er immer ins Kino, freitags spielt er Tennis.
Die Tour de France fängt im Juli an.
Meine Freunde und Freundinnen spielen im Hof Fußball.
Sie verliert immer ihre Geldbeutel.
Hast du die Arbeiten erledigt *(faire)*?
Paula hat den Preis gewonnen *(gagner)*.
Sophie ist oft in der Teestube, weil sie Tee liebt.

Pronomen

2.1 Personalpronomen

Ein Satz besteht mindestens aus einem Subjekt und einem Prädikat. Das **Subjekt** kann dabei aus einem **Substantiv** oder einem **Subjektpronomen** bestehen.	**Nicole** lit. **Je** suis Adrien. **Ils** habitent à Lyon.
Subjektpronomen: *je* ich *tu* du *il / elle / on* er / sie / man, wir *nous* wir *vous* ihr *ils / elles* sie	 **Je** regarde un film. **Tu** regardes aussi un film? **Il** joue. – **Elle** dessine. – **On** dessine aussi. **Nous** dessinons un arbre. Et **vous** dessinez une maison. Et les copines? – **Elles** dessinent un chat, et les copains, **ils** dessinent un chien.
Die **Subjektpronomen** stehen nie ohne Verb. Deshalb nennt man sie auch **verbundene Personalpronomen.**	
Merke: Vor Vokal und stummem *h* wird ***je*** zu *j'* apostrophiert, ***tu*** wird **nie** apostrophiert.	**J'**invite mes amis. **Tu** invites tes amis?
Il vertritt ein **maskulines** (männliches), ***elle*** ein **feminines** (weibliches) Substantiv im Singular, egal ob Person oder Sache.	Pierre est à Paris? – Non, **il** est à Berlin. Sandrine cherche un livre. **Elle** entre dans une librairie. Voici un crayon. **Il** est bleu. Voilà la tasse. **Elle** est sur la table.
On vertritt das unpersönliche „man". **Umgangssprachlich** kann es auch anstelle von *nous* verwendet werden.	**On** fait un tour dans le quartier? – Machen **wir** einen Spaziergang im Viertel?
Achtung: Steht ***on*** anstelle von *nous*, bleibt es im Französischen 3. Person Singular!	**Nous regardons** la Seine? **On regarde** la Seine?
Vous wird auch bei der **höflichen Anrede** von einer oder mehreren Personen verwendet.	**Vous** êtes de Paris? → Kommt **ihr** aus Paris? *(mehrere Personen)* → Kommen **Sie** aus Paris? *(eine oder mehrere Personen)*

ÜBUNG 1 **Ersetze die rot gedruckten Substantive durch Subjektpronomen.**

1. Où est le carton? – ______ est sur l'étagère.
2. Que fait Lena? – ______ regarde un livre.
3. Où sont les filles? – ______ sont dans la chambre de Marie.
4. Mme Petit téléphone? – Oui, ______ téléphone.
5. Les parents et les enfants sont d'accord? – Oui, ______ sont d'accord.

WISSEN

Maskulinum hat Vorfahrt
Ils vertritt auch eine Gruppe maskuliner und femininer Substantive.

Pierre et Monique sont à la maison.
Ils font les devoirs.

ÜBUNG 2 **Beantworte die Fragen und verwende für die rot hervorgehobenen Subjekte entsprechende Subjektpronomen.**

1. Tu t'appelles comment? – ______ Anne.
2. Christian et Luc attendent? – Oui, ______ .
3. Où sont les copains et les copines? – ______ dans la cuisine.
4. Que font les élèves? – ______ . (travailler)
5. La mère: Vous faites les devoirs, les enfants? – Les enfants: Non, ______ ______ . (jouer)

ÜBUNG 3 **Welche Frage gehört zu welcher Antwort? Verbinde.**

Questions:	**Réponses:**
1. Nadine est dans la salle de bains?	a. Non, je cherche un autre hôtel.
2. Où sont Philippe et Nadine?	b. Non, j'apporte des croissants.
3. Tu apportes des baguettes?	c. Ils sont dans le jardin.
4. Vous réservez la chambre, monsieur?	d. Oui, elle y est.
5. Vous adorez les fruits?	e. Non, mais nous aimons les bonbons.

ÜBEN

ÜBUNG 4 ***Corrigez les phrases:*** **In den Sätzen sind sieben Fehler versteckt. Beachte auch die Verbformen! Schreibe die verbesserten Sätze darunter.**

ACHTUNG FEHLER

Que font Caroline et son ami? – Elles regardent un film.

Vous travailler aujourd'hui, M. Petit? – Oui, nous travaille ce matin.

Les chats sont sur l'arbre. – Elles cherchent des souris.

Les élèves sont dans la cour. – Il est super.

On faisons un repas ensemble. Tu est d'accord? – Non, je travaille.

ÜBUNG 5 **Übersetze.**

Clara und Philippe kommen heute in Paris an. Sie besuchen Sacré-Cœur.

Image Source, Köln

Suchen Sie den Louvre? – Nein, wir suchen den Eiffelturm.

Lädst du die DeutschlehrerIn ein? – Nein! Ich lade den Englischlehrer ein.

Machen wir einen Spaziergang? – Einverstanden.

2.2 Possessivbegleiter

Du kennst bereits den bestimmten und den unbestimmten Artikel als Begleiter eines Substantivs.
Der **Possessivbegleiter** steht ebenfalls vor einem **Substantiv** und gibt den **Besitzer** an.

le cahier – la carte – les livres
un cahier – une carte – des livres

mon cahier – **ma** carte – **mes** livres

Ein Besitzer

Possessivbegleiter, die **einen Besitzer** angeben, lauten:

	m Sg.	f Sg.	m / f Pl.
je	***mon***	***ma***	***mes***
tu	***ton***	***ta***	***tes***
il / elle	***son***	***sa***	***ses***

Ein Besitztum:
Je cherche **mon** chien et **ma** souris.
Tu trouves **ton** livre et **ta** serviette.
Il / Elle regarde **son** pull et **sa** robe.

Im **Plural** gibt es jeweils nur **eine Form** für Maskulinum und Femininum *(mes, tes, ses).*

Mehrere Besitztümer:
Voilà **mes** livres.
Où sont **tes** crayons?
Il / Elle fait **ses** devoirs

Steht der Possessivbegleiter im Singular vor einem Substantiv, das mit **Vokal oder stummem *h*** beginnt, so stehen immer ***mon, ton, son.*** Die Aussprache ist dann gebunden.

un ordinateur → **mon** ordinateur

une amie → **mon** amie

un hôtel → **mon** hôtel

Die Possessivbegleiter richten sich in **Numerus** (Singular oder Plural) und **Genus** (Maskulinum oder Femininum) stets nach dem **Besitz,** nicht nach dem Besitzer.

Luc a **son** cahier, **sa** BD et **ses** livres.
Léa a **son** cahier, **sa** BD et **ses** livres.

Achtung: Bei der Übersetzung von *son, sa, ses* musst du aufpassen, ob sie sich auf eine männliche oder weibliche Person beziehen!

→ Luc hat **sein** Heft, **seinen** Comic und **seine** Bücher.
→ Léa hat **ihr** Heft, **ihren** Comic und **ihre** Bücher.

Mehrere Besitzer

Possessivbegleiter, die **mehrere Besitzer** angeben, lauten:

	m / f Sg.	m / f Pl.
nous	***notre***	***nos***
vous	***votre***	***vos***
ils / elles	***leur***	***leurs***

In Singular und Plural gibt es jeweils nur eine Form für Maskulinum und Femininum. Der **Numerus** (Anzahl) richtet sich nach dem **Besitz,** nicht nach dem Besitzer.

Merke: Haben mehrere Personen einen Besitz, so stehen ***notre, votre, leur.*** Haben mehrere Personen mehrere Besitztümer, dann stehen ***nos, vos, leurs.***

Ein Besitztum:
Nous voyons **notre** maison.
Vous aimez **votre** appartement.
Ils / Elles aiment bien **leur** salon.

Mehrere Besitztümer:
Nous regardons **nos** pièces.
Vous comptez **vos** voitures.
Ils / Elles cherchent **leurs** livres.

notre
votre
leur

maison

nos
vos
leurs

maisons

Votre bzw. ***vos*** werden wie das Subjektpronomen ***vous*** in der **Höflichkeitsform** für den Besitz einer oder mehrerer Personen verwendet.

Vous avez **vos** portables?
→ Habt **ihr eure** Handys? *(= vertrauliche Anrede mehrerer Personen)*
→ Haben **Sie Ihre** Handys? *(= höfliche Anrede einer oder mehrerer Personen)*

ÜBUNG 6 **Christine verreist und schreibt eine Packliste. Ergänze die Possessivbegleiter *mon, ma, mes.***

Il faut _____ livres, _____ stylos, _____ agenda, _____ cartes, _____ robes, _____ cahier, _____ crayons, _____ bloc à dessin, _____ casque, _____ portable, _____ CD, _____ jeux vidéo, _____ journal et _____ amie Claire.

ÜBUNG 7 **Das Schuljahr fängt wieder an: *la rentrée des classes*. Ergänze die Possessivbegleiter *notre / nos* bzw. *votre / vos*.**

La mère et les enfants:

Vous avez _____ cahiers, _____ livres et _____ stylo? –

Oui, voici _____ cahiers, _____ livres, et _____ stylo.

Où sont _____ porte-monnaie, _____ crayon rouge et _____ feutres? –

Voici _____ porte-monnaie, _____ crayon rouge et _____ feutres.

Vous avez _____ sac à dos? – Oui, et nous avons aussi _____ casques.

ÜBUNG 8 **Pascal zeigt seinem Freund Claude Fotos seiner Familie. Ergänze fehlende Substantive sowie die Possessivbegleiter *mon, ma, mes* bzw. *ton, ta, tes*.**

Claude: «C'est _____ ?» – *Pascal:* «Oui, c'est _____ .»

Claude: «Qui est-ce? C'est _____ tante?» –

Pascal: «Non, c'est _____ .»

Claude: «Et là? Qui est-ce? Ce sont _____ copains?» –

Pascal: «Non, ce sont _____ .»

Claude: «C'est _____ avec _____ ?» –

Pascal: «Oui, c'est _____ avec _____ parents.»

Claude: «C'est _____ ?» – *Pascal:* «Oui, c'est _____ avec _____ ordinateur.»

ÜBEN

ÜBUNG 9 **Ergänze die Possessivbegleiter *son, sa, ses* und übersetze die Sätze anschließend in deinem Übungsheft.**

1. Nadine habite à Paris. ______ collège est aussi à Paris.
   Maintenant, Nadine est dans ______ chambre.
   Elle cherche ______ CD de Louise Attaque et ______ jeux vidéo.
   Elle regarde sous ______ lit. Ah, voilà ______ CD et ______ jeux vidéo.
2. Luc habite à Obernai. ______ collège est à Strasbourg.
   Maintenant, Luc est dans ______ chambre.
   Il cherche ______ rollers. Il regarde sous ______ table.
   Il trouve ______ photos et ______ cartes postales de Berlin.

ÜBUNG 10 **Ergänze die Possessivbegleiter *notre / nos, votre / vos, leur / leurs.***

Nous faisons toujours ______ devoirs avec ______ copine.
Voilà Étienne et Laurette dans ______ chambre devant ______ ordinateurs.
Vous aimez ______ élèves, Madame Berthier et Monsieur Legrand? – Oui, nous aimons bien ______ élèves.

WISSEN +

Das **Pronomen „ihr"** kann sein:
- 2. Pers. Pl. des Subjektpronomens
- Possessivbegleiter der 3. Pers. Sg. Femininum oder der 3. Pers. Pl.
- Höflichkeitsform des Possessivbegleiters

Vous êtes super!
Laurette et **son** ami dansent. – Les amis cherchent **leur** chat et **leurs** chiens.
M. Dubois, je vous invite, vous et **votre** femme, à prendre l'apéritif.

ÜBUNG 11 **Das schwierige Pronomen „ihr": Übersetze in deinem Übungsheft.**

Clara und ihr Bruder besuchen heute morgen ihre Tante.
Im Collège feiern die Schüler den Geburtstag ihres Lehrers.
Christine und Quentin, ihr seid sehr müde heute.
Frau Durand, wie geht es Ihrem Mann? – Danke, es geht ihm gut.
Mama schaut ihre Röcke an, weil sie ihren roten Rock sucht.

2.3 Demonstrativbegleiter

Mit dem **Demonstrativbegleiter** zeigt man auf eine Person oder Sache (vgl. im Deutschen „Demonstration“).	Tu veux **ce** pull ou **cette** chemise? (Willst du diesen Pulli oder dieses Hemd?) Regarde **ces** magasins. (Schau dir diese Läden an!)
Die Demonstrativbegleiter richten sich in **Numerus und Genus** nach dem **Substantiv,** auf das sie sich beziehen. Sie haben folgende **Formen:** m Sg. f Sg. m / f Pl. ***ce*** ***cette*** ***ces*** ***cet***	Regarde **ce** pantalon. Tu veux **cette** tomate? Regardez **ces** pommes et **ces** citrons.
Ce bezieht sich auf maskuline Substantive im Singular, ***cette*** bezieht sich auf feminine Substantive.	
Cet steht nur vor maskulinen Substantiven im Singular, die mit **Vokal** oder **stummem *h*** beginnen. Die Aussprache ist dann gebunden.	Tu veux acheter **cet** anorak? Vous habitez dans **cet** hôtel?
Im **Plural** gibt es nur **eine Form** für Maskulinum und Femininum: ***ces.***	
Merke: In Wendungen wie *ce soir* bedeutet *ce / cet* „heute“.	**On va au cinéma ce soir?** **Cet après-midi,** je fais du tennis.
Achtung: Du musst zwischen ***ces*** und ***ses*** unterscheiden, denn beides wird gleich ausgesprochen: *ses copains* – seine / ihre Freunde *ces copains* – diese Freunde	Marc invite **ses amis.** [sezami] Marc invite **ces amis.** [sezami]

WISSEN

ÜBUNG 12 **Ergänze die passenden Demonstrativbegleiter.**

______ maisons	______ hôtel	______ arbre	______ restaurant
______ rues	______ fleuve	______ magasins	______ place
______ cafés	______ musées	______ librairie	______ gare

ÜBUNG 13 ***Devinette* – Rätsel: Ergänze die Demonstrativbegleiter und finde die Lösung.**

MEV Verlag, Augsburg

1. Comment s'appelle ______ ville? – C'est ______________ .
2. ______ fleuve est entre la France et l'Allemagne. – C'est ______________ .
3. ______ acteur joue le rôle d'Obélix. – C'est ______________ .
4. ______ montagnes sont entre la France et l'Espagne. – Ce sont ______________ .

ÜBUNG 14 ***Un tour en ville* – ein Stadtbummel: Ergänze die Demonstrativbegleiter.**

Tu vois ______ portable? – Oui, il est extra.
Regarde ______ magasins: ______ jupe est super! – Oui, elle me plaît bien.
______ pulls et ______ pantalons me plaisent aussi. – Oui, ils sont super.
Oh, ______ anorak! Il est chouette! – Mais regarde le prix. C'est trop cher.
Et ______ robes! – Tout ça, c'est trop cher. Rentrons à la maison.

ÜBUNG 15 **Unterscheide: *c'est, ce, cet, cette, ces* und *ses*. Höre dir Track 4 auf der CD zweimal an und fülle die Lücken aus.**

4

Pascal et ______ parents passent leurs vacances en France.
Qui est ______ dame? – ______ ma tante.
Regarde ______ ordinateurs dans ______ magasin.
Qui est-______ ? – ______ le voisin de Mme Arnaud.
______ anorak me plaît.

2.4 Objektpronomen

Ein direktes Objekt kann durch ein direktes **Objektpronomen** ersetzt werden. Du erkennst das **direkte Objekt** im Französischen daran, dass es sich **ohne Präposition** an das Verb anschließt. Meist lässt sich nach dem direkten Objekt wie im Deutschen mit „wen oder was?“ fragen.

Vous dessinez le chat? – Oui, nous **le** dessinons.
Et toi, tu dessines Pierre? – Oui, je **le** dessine.
Tu regardes la BD? – Oui, je **la** regarde.
Vous rencontrez Nicole? – Oui, nous **la** rencontrons.

Objektpronomen:

me	mich / mir
te	dich / dir
le	ihn / ihm
la	sie / ihr
nous	uns
vous	euch / Sie / Ihnen
les	sie / ihnen

Mon ami **me** regarde. Il **m'**adore.
Maman **te** cherche. Elle **t'**apporte un jus.
Tu aimes ce fromage? – Non, je **le** déteste.
Où est Amélie? – **La** voilà.
Il **nous** appelle souvent.
Je **vous** trouve extra.
Tu passes les vacances en France? – Oui, je **les** passe à Paris.

Die Objektpronomen ***me, te, le, la*** werden vor Vokal und stummem *h* apostrophiert: ***l'*** kann für ***le*** oder ***la*** stehen.

Tu **m'**invites à ton anniversaire? – Bien sûr, je **t'**invite.
Tu invites aussi Pierre? – Oui, je **l'**invite et Émilie, je **l'**invite aussi.

Achtung: Verwechsle ***le, la, les*** nicht mit dem bestimmten Artikel!

Die Objektpronomen stehen im Französischen in der Regel **vor dem konjugierten Verb.**

Julia **te** cherche.
Tu **m'**écoutes?

Merke: Bei Verben mit Infinitivergänzung (z. B. *pouvoir, savoir, vouloir, aller*) steht das Objektpronomen **vor dem Infinitiv.**
Die Stellung des Objektpronomens ist hier keine Ausnahme, denn es steht vor dem Verb, auf das es sich sinngemäß bezieht.

Julia peut **te** chercher.
Tu veux **m'**écouter?
(m' *ist Objekt zu* écouter, *nicht zu* vouloir)

Die **Verneinung** umklammert die Pronomen und das konjugierte Verb.

Il **ne me** regarde **pas.**

Merke: Auch bei Verben mit Infinitivergänzung umklammert die Verneinung das konjugierte Verb und somit nicht das Objektpronomen, das vor dem Infinitiv steht.

Il **ne** veut **pas me** regarder.

WISSEN

ÜBUNG 16 **Ersetze die rot gedruckten direkten Objekte durch Objektpronomen.**

Michel mange les frites.

Monique donne le livre à Pascal.

Vous mangez vos croissants.

Tu visites les musées aujourd'hui?

On aide Madeleine.

ÜBUNG 17 ***Devinette* – Rätsel: Finde die Substantive.**

On le mange pour le petit déjeuner:

On les trouve à l'école:

Les chiens les détestent:

On la fait avec des pommes:

Les chats les aiment bien:

ÜBUNG 18 **Beantworte die Fragen und ersetze dabei die rot hervorgehobenen direkten Objekte durch Objektpronomen.**

Vous passez vos vacances en Espagne? – Oui,

Les élèves écoutent le prof? – Oui,

Tu vois la rose? – Oui,

Nos amis trouvent le monument? – Oui,

On appelle Claude et Pierre? – Oui,

Vous attendez Monique? – Oui,

Elle aime les carottes? – Oui,

Vous apportez les cartons? – Oui,

ÜBUNG 19 **Antworte verneint und ersetze dabei die hervorgehobenen direkten Objekte durch Objektpronomen.**

Tu regardes les fleurs et les arbres?

Non, ___

Vous voyez la chaise derrière la table?

___

Tu comprends ce monsieur?

___

Elles entendent bien la musique?

___

Ils aiment le coq au vin?

___

ÜBUNG 20 **Ergänze die Objektpronomen *me, te, nous, vous*.**

Je ne ___ aime plus. Tu ___ écoutes? Tu ___ comprends?

Oui, je ___ écoute, mais je ne ___ comprends pas! Mais pourquoi?

Je ___ aime et je ___ adore. Je ___ apporte toujours du fromage.

Non, tu ___ détestes parce que tu manges toujours mon fromage préféré.

Non, ce n'est pas vrai. C'est Ludovic. Il ___ agace *(ärgern)*.

Ah, voilà Ludovic et son copain! Vous ne ___ agacez plus. Ça suffit maintenant.

ÜBUNG 21 **Höre dir Track 5 auf der CD zweimal an. Dort wird das Mädchen Virginie beschrieben. Beantworte anschließend die Fragen in deinem Übungsheft. Ersetze dabei die rot hervorgehobenen Satzteile durch Pronomen.**

5

1. Est-ce que Virginie aime les chats?
2. Est-ce qu'elle aime la musique de rap?
3. Est-ce qu'elle fait toujours ses devoirs après l'école?
4. Est-ce qu'elle fait les courses le mardi?
5. Est-ce qu'elle achète les croquettes pour les chats?

ÜBUNG 22 ***Faire les courses:*** **Ersetze das direkte Objekt in der Antwort und achte auf die richtige Satzstellung und die richtigen Verbformen.**

1. Les oranges sont extra! Tu veux acheter ces oranges?

   Ah non,

2. Et les citrons? Tu aimes ces citrons?

   Non,

3. Mais tu vas prendre les avocats, je pense?

   Oui,

4. Tu vois ce gâteau gigantesque là-bas?

   Non,

5. Regarde la tarte. Elle est super. Il faut acheter cette tarte.

   Oui,

ÜBUNG 23 **Hier sind acht Fehler versteckt! Markiere sie und verbessere die Sätze, indem du sie richtig in dein Übungsheft schreibst.**

ACHTUNG FEHLER

Les plantes? Je ne la vois pas.

Tu cherche ton ami? – Non, je la ne cherche pas.

Vous donnez les cadeaux à Luc? – Non, je ne le donne pas, je le garde.

Ils vont manger la tarte? – Qui, ils la vont manger.

Maman veut acheter les CD? – Non, elle ne les veut pas acheter.

ÜBUNG 24 ***Le pique-nique des Durand:*** **Übersetze die folgenden Sätze und schreibe sie in dein Übungsheft.**

Mme Durand: „Bereitest du den Rucksack *(le sac à dos)* vor, Julie?“
Julie: „Ja, ich bereite ihn vor.“
Mme Durand: „Hast du das Brot?“
Julie: „Da ist es! Wo sind die Getränke? Wir müssen sie suchen.“
Mme Durand: „Da sind sie! Aber der Käse? Ah, ich sehe ihn. Und wo ist der Apfelkuchen?“
Julie: „Da ist er! Jetzt müssen wir auf unsere Freunde warten. Rufst du sie?“
Mme Durand: „Ja, ich werde sie rufen.“

ÜBEN

Klassenarbeit 1

45 Minuten

AUFGABE 1 **Trage die fehlenden Pronomen in die Tabelle ein.**

	Subjektpronomen	Direktes Objektpronomen	Possessivbegleiter
1. Pers. Sg.	je		
2. Pers. Sg.			
3. Pers. Sg. m		le	
3. Pers. Sg. f			
1. Pers. Pl.			notre, nos
2. Pers. Pl.			
3. Pers. Pl. m			
3. Pers. Pl. f			

AUFGABE 2 **Ergänze die fehlenden Possessivbegleiter.**

Voici des photos de la famille de Pierre: C'est ______ mère, et là, ce sont ______ père, ______ grands-parents, ______ sœur, ______ frère, ______ oncles et ______ tante. – Quelle grande famille!

Voilà la maison des Durand: C'est ______ salon, voici ______ salles de bains, ______ cuisine, ______ chambres et ______ jardin.

Nous habitons ici: voilà ______ maison, ______ chambres et ______ salon.

AUFGABE 3 **Ergänze die fehlenden Demonstrativbegleiter.**

Le guide montre les curiosités *(Sehenswürdigkeiten)* de Paris aux touristes: «Regardez ______ musée, ______ maisons, ______ rue, ______ parc, ______ château, ______ hôtel, ______ arc, ______ bouquinistes *(Buchhändler)*, ______ magasins, ______ marchés et ______ place.»

TESTEN

AUFGABE 4 **Bilde aus den Wörtern Sätze und schreibe sie in dein Übungsheft.**

donne – la – il – Mme Dubois – à
acheter – ne – pas – les – tu – marché – vas – au
explique – le – ne – pas – à – elle – élève – son

AUFGABE 5 **Ersetze die hervorgehobenen Substantive durch Pronomen.**

Mme Dubois et M. Lacombe racontent l'histoire à Martina.

Luc et Pierre donnent les cartes postales à maman.

Mes copines cherchent les casques sous la table.

Les Durand vont faire un tour ce soir.

Ton père et ta sœur prennent le petit déjeuner à sept heures du matin.

AUFGABE 6 **Beantworte folgende Fragen mit Verneinung und ersetze die rot markierten Substantive durch Pronomen.**

Luc va manger les pommes?

Les professeurs veulent expliquer l'exercice aux élèves?

Yannik et Sarah peuvent regarder la télé?

Il faut acheter la maison?

AUFGABE 7 **Übersetze die folgenden Sätze und schreibe sie in dein Übungsheft.**

Da sind Pierre und Luc. Geht ihr in ihr Haus oder in euer Haus?
Martina und ihre Schwester gehen heute zu ihrer Tante Mireille.
Willst du diese Wohnung kaufen? – Ich werde sie natürlich kaufen.
Kann ich Ihnen helfen? – Nein, Sie können mir nicht helfen.
Wir lieben Pommes frites. Mögt ihr sie auch? – Wir mögen sie sehr. Wir können sie immer essen.

Klassenarbeit 2

45 Minuten

AUFGABE 8 **Setze die Possessivbegleiter aus dem Wortspeicher in die Lücken ein.**

leurs - ma - mon - sa - ta - tes - ton

«Bonjour, Pascal! Où sont ______ chiens?» – «Salut, Caroline! Ils sont dans ______ chambre. Ils jouent avec ______ ballons.» – «Et où est ______ souris?» – «Elle est sous ______ lit. Que fait ______ chat?» – «Il dort sur ______ chaise.»

AUFGABE 9 **Bilde Frage und Antwort aus den vorgegebenen Wörtern.**

1. pouvoir – tu – visiter – le musée / oui – pouvoir – je – visiter – le

2. vouloir – vous – les bateaux – regarder / oui – vouloir – nous – regarder – les

AUFGABE 10 **Beantworte die Fragen und ersetze dabei die rot markierten Satzglieder durch Pronomen. Die Gesichter zeigen dir, ob die Antwort Ja oder Nein lautet.**

1. Tu veux manger la tarte aux pommes? ☹
2. Vous pouvez aider nos amis? ☺
3. Est-ce que Camille déteste les tomates? ☹
4. Tu vas faire tes devoirs maintenant? ☺
5. Tu aimes cet hôtel? ☹

TESTEN

AUFGABE 11 **Im Kleidergeschäft. Ergänze den Text mit den passenden Pronomen aus dem Wortspeicher. Achte auf die richtige Wortstellung!**

vous - vous - vous - me - la - la - cette

Céline entre dans un magasin de vêtements. Ses amies ____ accompagnent. La vendeuse: «Bonjour, Mesdames! Est-ce que je ____ peux ____ aider?» – Céline: «Oui, vous ____ pouvez ____ aider, Madame. Je cherche une robe.» – La vendeuse: «C'est au premier étage. Je ____ accompagne.» – Céline: «Merci, Madame.»

Elles vont au premier étage. Céline trouve une robe bleue.

Céline: « ____ robe est chouette! Je ____ prends.»

Après, Céline a soif. Céline: «On va dans un café? Je ____ invite à boire quelque chose.» – Les copines: «C'est une bonne idée!»

AUFGABE 12 **Das schwierige Wort *ihr:* Setze *leur, leurs, votre, son, sa* oder *ses* ein.**

Sylvie, ____ parents, ____ frère et ____ sœur passent ____ vacances au bord de la mer.

Mon amie nous montre ____ maisons.

Bonjour, Madame! C'est ____ mari? – Non, c'est le mari de Christine Durand. – Ah, je comprends, c'est ____ mari.

Aujourd'hui, les professeurs donnent beaucoup de devoirs à ____ élèves.

Voilà Madame et Monsieur Saunier avec ____ fils Christophe.

AUFGABE 13 **Hier stimmt einiges nicht! Finde sechs Fehler und verbessere die Sätze in deinem Übungsheft.**

ACHTUNG FEHLER

1. Est-ce que Pierre va inviter ses amis à sa fête? – Non, il ne les va pas inviter.
2. Lili et ces frères font des courses cette après-midi.
3. Tu dois préparer le repas ce soir? – Oui, je dois la préparer.
4. Quand est-ce que Luc et Christine vont arriver à la gare? – Elles vont arriver à neuf heures.
5. Monsieur, vous avez trouvé mes livres? – Non, je n'ai pas trouvé leurs livres.

3 Verben

3.1 Verben auf *-er*

Bei Verben unterscheidet man die **konjugierten** (gebeugten) Formen mit einem Subjektpronomen und den **Infinitiv** (die Grundform).
Jede Verbform gliedert sich in **Verbstamm** und **Endung.** Den Verbstamm erhältst du, indem du die Infinitivendung weglässt.

Konjugierte Form:
il regarde (er schaut an)

Infinitiv:
regard-er (anschauen)
Stamm *Endung*

Die meisten Verben im Französischen enden im Infinitiv auf *-er.* Im **Präsens** haben sie die folgenden Endungen:

*je regard**e***	*nous regard**ons***
*tu regard**es***	*vous regard**ez***
*il / elle / on regard**e***	*ils / elles regard**ent***

Je dessin**e** une voiture.
Tu écout**es** la musique de Faudel.
Il aim**e** la nature.
Nous travaill**ons** ensemble.
Vous pos**ez** une question.
Elles parl**ent** le français.

Merke: Vor einem **Vokal** oder **stummem *h*** wird ***je*** zu ***j'***. ***Tu*** wird nie apostrophiert.

J'aime la télé. – **J'**habite à Lyon.
Tu aimes la télé. – **Tu** habites à Lyon.

Die Verben *manger* und *commencer* weisen eine Besonderheit auf: Zur Beibehaltung der **Aussprache** steht in der 1. Person Plural *(nous)* vor der Endung

- ein ***e*** bei ***manger*** (ebenso: *ranger*) und
- eine *cédille* ***ç*** bei ***commencer.***

je mange [mɑ̃ʒ]
nous mang**e**ons [mɑ̃ʒɔ̃]
nous rang**e**ons [ʀɑ̃ʒɔ̃]

je commence [kɔmɑ̃s]
nous commen**ç**ons [kɔmɑ̃sɔ̃]

Bei den Verben ***acheter*** (kaufen), ***payer*** (zahlen), ***préférer*** (lieber mögen) ändert sich der Verbstamm, wenn nicht die Endung, sondern der **Stamm betont** wird:

- **endungsbetont** (Infinitiv, *nous, vous*):

achet- [aʃt-]
pay- [pɛj-]
préfér- [pʀefeʀ-]

- **stammbetont** (*je, tu, il / elle / on, ils / elles*):

achèt- [aʃɛt-]
pai- [pɛ-]
préfèr- [pʀefɛʀ-]

acheter:

j'ach**è**te	nous ach**e**tons
tu ach**è**tes	vous ach**e**tez
il / elle / on ach**è**te	ils / elles ach**è**tent

payer:

je pa**i**e	nous pa**y**ons
tu pa**i**es	vous pa**y**ez
il / elle / on pa**i**e	ils / elles pa**i**ent

préférer:

je préf**è**re	nous préf**é**rons
tu préf**è**res	vous préf**é**rez
il / elle / on préf**è**re	ils / elles préf**è**rent

ÜBUNG 1 **Ergänze die entsprechenden Verbformen im Präsens. Achte auf die Verben, die mit Vokal oder stummem *h* beginnen.**

dessiner	nous	ils	on
poser	elle	vous	je
habiter	je	tu	nous
aimer	il	ils	tu
chercher	je	nous	ils
trouver	tu	vous	elles

ÜBUNG 2 **Verbinde die Verbformen mit den passenden Subjektpronomen. Schreibe sie in dein Übungsheft.**

entre, chantez, ramassent, regarde, marchons, poses

nous, je, j', tu, vous, elles

ÜBUNG 3 **Ergänze die Endungen.**

1. Maman racont ______ une histoire.
2. Luc et Pierre parl ______ beaucoup.
3. Tu dans ______ avec moi?
4. Nous regard ______ par la fenêtre.
5. On jou ______ au foot ou au tennis?
6. Elles habit ______ à Paris.

ÜBUNG 4 **Setze die angegebenen Verben in der richtigen Präsensform ein.**

Tu ______ la nature. (dessiner)

Aujourd'hui, je ______. (travailler)

Les élèves ______ le prof. (écouter)

Ce soir, nous ______ à Nice. (arriver)

Tout à coup, le téléphone ______. (sonner)

Vous ______ le café ou le thé? (préférer)

ÜBUNG 5 **Welche Verben sind hier versteckt?**

Magali, tu uoejs avec nous? ______

Je iepa les billets. ______

Super! Des crêpes! J'doaer les crêpes. ______

Nous étdestson les contrôles de maths. ______

Vous nertze dans la pièce. ______

ÜBUNG 6 **Suche jeweils das passende Verb und setze es in der richtigen Form ein.**

acheter – acheter – rester – écouter – manger – regarder – aimer – adorer – travailler – travailler

C'est dimanche. Nous ______ à la maison.

Pascal ______ la télé. Il y a un film avec Jean Reno.

Il ______ cet acteur.

Dans le salon, Nadine et Pascal ______ des CD de Jacques Brel.

Maman et papa ______ dans le jardin.

Ils ______ bien la nature.

Moi, je ______ pour le collège.

À midi, nous ______ au restaurant «Le Lion d'Or».

Ce soir, nous ______ des billets pour le cinéma.

Après, Pascal ______ des frites.

ÜBUNG 7 **Übersetze die folgenden Sätze. Schreibe in dein Übungsheft.**

Wir sprechen mit unseren Freunden.
Camille und Lucas arbeiten zusammen.
Heute Abend schaue ich einen Film im Kino an.
Yasmina, kommst du herein? Das Telefon klingelt. – Ja, ich komme. *(arriver)*
Mögt ihr lieber Hörnchen oder Bananen ? – Wir mögen lieber Bananen.
Kaufen Sie ein Heft? – Nein, ich kaufe ein Buch.
Zuerst essen wir und danach beginnen wir mit der Arbeit.

3.2 Verben auf *-ir*

Von den Verben auf *-ir* gibt es nur wenige. Sie haben die Endungen ***-s, -s, -t, -ons, -ez, -ent.*** Im Singular fällt der Endkonsonant des Verbstamms weg, im Plural bleibt er erhalten.

sor**t**ir: je sor**s** – nous sor**t****ons**
par**t**ir: je par**s** – nous par**t****ons**
dor**m**ir: je dor**s** – nous dor**m****ons**

Sie werden im Präsens folgendermaßen konjugiert:

sortir (ausgehen):

*je sor**s***	*nous sort**ons***
*tu sor**s***	*vous sort**ez***
*il / elle / on sor**t***	*ils / elles sort**ent***

Lundi, tu sor**s** avec moi.
Il sor**t** aujourd'hui.
Nous sort**ons** avec la voiture.
Vous sort**ez** avec nous?
Nos amis sort**ent** avec les frères de Luc.

partir (weggehen):

*je par**s***	*nous part**ons***
*tu par**s***	*vous part**ez***
*il / elle / on par**t***	*ils / elles part**ent***

Je par**s** à Paris, et toi, tu par**s** à Lyon?
Aujourd'hui, nous part**ons** en vacances.
Les Dubois part**ent** lundi.
Mon ami par**t** à Nice mardi.

dormir (schlafen):

*je dor**s***	*nous dorm**ons***
*tu dor**s***	*vous dorm**ez***
*il / elle / on dor**t***	*ils / elles dorm**ent***

Tu dor**s** encore?
Nous ne dorm**ons** pas mais vous dorm**ez**.
Les professeurs dorm**ent** ce matin.
Le chien dor**t** sur le sofa.

Das Verb ***ouvrir*** (öffnen) ist **unregelmäßig.** Es wird wie die Verben auf *-er* konjugiert:

*j'ouvr**e***	*nous ouvr**ons***
*tu ouvr**es***	*vous ouvr**ez***
*il / elle / on ouvr**e***	*ils / elles ouvr**ent***

J'ouvr**e** la bouteille.
Tu ouvr**es** la porte?
Il ouvr**e** son cahier.
Nous ouvr**ons** les fenêtres.
Vous ouvr**ez** vos livres.
Ils n'ouvr**ent** pas les cahiers.

Merke: Das Verb ***offrir*** (anbieten) wird genauso konjugiert!

J'offr**e** une limonade à mon frère.
Ils offr**ent** un thé à Marie.

ÜBUNG 8 **Ergänze die passende Verbform im Präsens.**

sortir	nous	ils	je
ouvrir	je	vous	elle
dormir	tu	il	ils
partir	vous	tu	nous

ÜBUNG 9 **Bilde die Präsensform, indem du wie angegeben entweder das Verb oder die Person änderst.**

elle ouvre —nous→ nous ouvrons —manger→ nous
—commencer→ —tu→
—partir→ —elles→ —offrir→
—je→ —sortir→ —vous→
—dormir→ —je→ —partir→

ÜBUNG 10 **Die Wortschlange enthält 13 Verbformen. Schreibe die Verben mit den ergänzten Subjektpronomen in dein Übungsheft. Bei manchen Formen gibt es mehrere Möglichkeiten für das Subjektpronomen.**

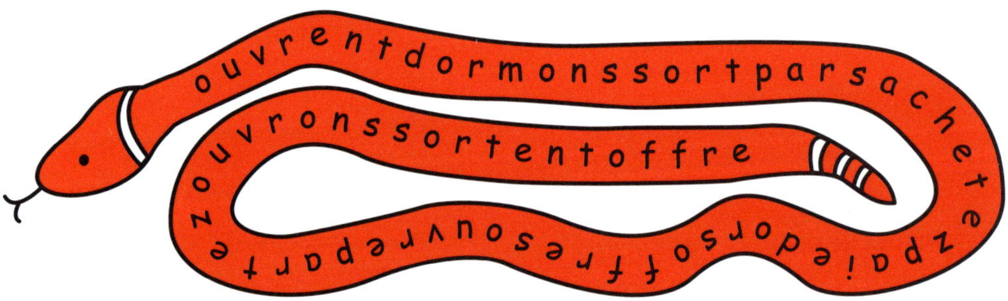

ÜBUNG 11 **Höre dir Track 6 auf der CD an und ergänze die fehlenden Verbformen.**

6

Cet après-midi, maman ______ beaucoup.

Ce soir, je ______ avec mon amie.

Tu ______ la porte?

À midi, nous ______ un café à Paul.

ÜBEN

ÜBUNG 12 **Beschreibe die Bilder und verwende dabei Verben auf -*ir*.**

Nadine ______

Louis ______

Sarah ______ Sandra.

Le bébé ______

Le matin, les fantômes ______

ÜBUNG 13 **Im Wortspeicher findest du nicht nur richtige Verbformen, sondern auch fünf falsche. Streiche die falschen Formen durch und trage sie (der Reihe nach) unten richtig ein. Aus den markierten Feldern ergibt sich ein Lösungswort.**

je porte – tu offre – elle achète – j'ouvres – vous sortez – il dort – nous mangeons – il ouvrent – ils partent – tu regarde – tu sors – vous paiez – nous commençons

1.

2.

3.

4.

5.

Lösungswort: L

ÜBUNG 14 **Übersetze die folgenden Sätze und schreibe sie in dein Übungsheft.**

Wir öffnen die Tür.
Du bietest Claire einen Kuchen an.
Heute schlafen die Kinder schnell.
Er geht heute Abend mit seinen Freunden aus.
Um sieben Uhr fahren wir in die Ferien.
Meine Eltern bieten meinem Freund eine Limonade an.
Ich schlafe in deinem Bett.

3.3 Verben auf *-dre*

Die Verben auf ***-dre*** sind die zweite große Verbgruppe neben den Verben auf *-er.* Sie werden folgendermaßen konjugiert:

répondre (antworten):

je réponds	*nous répond**ons***
tu réponds	*vous répond**ez***
il / elle / on répond	*ils / elles répond**ent***

Merke: Im Präsens haben die Verben auf ***-dre*** die Endungen ***-s, -s, –, -ons, -ez, -ent.*** Das ***-d*** des Verbstamms bleibt in allen Formen erhalten, wird aber nur bei den Pluralendungen ***-ons, -ez*** oder ***-ent*** ausgesprochen.

Je te répond**s** tout de suite.
Il répond: «Bonjour!»
Vous répond**ez** à la question du prof?
Oui, nous répond**ons.**

-d *nicht hörbar:*
je réponds
tu réponds } [ʀepɔ̃]
il répond

-d *hörbar:*
nous répon**d**ons [ʀepɔ̃dɔ̃]
vous répon**d**ez [ʀepɔ̃de]
ils répon**d**ent [ʀepɔ̃d]

Die folgenden Verben werden ebenso konjugiert:
attendre (warten)
descendre (aussteigen, hinuntergehen)
entendre (hören)
perdre (verlieren)
vendre (verkaufen)
rendre (zurückgeben)

J'attend**s** Marc.
Mme Bruel descen**d** de la voiture.
Il enten**d** un bruit.
Oh! Tu perd**s** tes chaussures.
Ils vend**ent** des baguettes.
Pascal me ren**d** le livre.

Das Verb ***prendre*** (nehmen) stellt eine Ausnahme dar: Nur im Singular ist es regelmäßig, im **Plural fällt das *-d* weg:**

je prends	*nous pren**ons***
tu prends	*vous pren**ez***
il / elle / on prend	*ils / elles pre<u>nn</u>**ent***

Je prend**s** un café.
Vous pren**ez** aussi un café?
Non, nous pren**ons** un coca.

Ebenso werden konjugiert:
comprendre (verstehen)

Tu me comprend**s**?
Oui, je te comprend**s.**
Mes parents comprenn**ent** l'allemand.

apprendre (lernen, erfahren)

Vous appren**ez** l'anglais?
Non, nous appren**ons** le français.

ÜBUNG 15 **Finde die fehlenden Buchstaben.**

1. tu pr _ _ _ s
2. il p _ _ _ d
3. nous p _ _ n _ _ s
4. elles v _ _ d _ _ _
5. ils desc _ _ _ ent
6. je _ _ po _ d _
7. on a _ _ e _ d
8. vous _ ren _ _
9. tu _ tt _ _ _ s
10. il r _ _ on _
11. nous a _ _ e _ do _ _
12. elles _ erd _ _ _
13. je _ e _ c _ _ d _
14. vous _ erd _ _
15. elle _ end
16. je c _ _ pr _ _ _ _

ÜBUNG 16 **Höre dir Track 7 auf der CD an und schreibe die Verbformen auf.**

7

apprendre: _ – _

perdre: _ – _

comprendre: _ – _

entendre: _ – _

prendre: _ – _

répondre: _ – _

attendre: _ – _

vendre: _ – _

ÜBUNG 17 **Die Subjektpronomen sind verloren gegangen: Trage sie jeweils zu dem Verb in der Wolke ein. Es kann auch mehrere Möglichkeiten geben.**

prends _

apprenons _

prennent _

perd _

ÜBUNG 18 ***Salade de lettres* – Buchstabensalat: Finde die richtigen Verbformen.**

Les touristes tnedencsde du métro. ______

Aujourd'hui, nous osndrne les livres d'allemand au prof. ______

Mireille dnttea ses amis. ______

Nous rpneosmcon la grammaire. ______

Tu tednsen le téléphone? ______

ÜBUNG 19 **Sieh dir die Bilder an und ergänze die Sätze.**

Manon et Luc ______

«Madame, vous ______ ?»

Mme Dubois ______

Pierre ______

ÜBUNG 20 **Ergänze die Sätze mit Verben aus dem Wortspeicher.**

apprendre – prendre – prendre – vendre – comprendre – attendre

J'arrive tout de suite. Tu ______ , Marianne?

Vous ______ des fruits ou des légumes?

Tu ______ la leçon d'anglais?

Maintenant, nous ______ l'allemand.

Isabelle ______ un chocolat.

Les élèves ______ les livres.

ÜBUNG 21 **Welches Verb auf *-dre* passt in die Lücke?**

Où sont les amis? On ______ déjà depuis une heure.

Tu ______ la musique? C'est une chanson de David Guetta.

Je ne trouve pas mon stylo! – Tu ______ tout *(alles)*.

Regardez! Mme Dubois ______ du métro.

Au marché, on ______ des tomates.

Oh, les maths! Vous ______ les maths? – Oui, nous ______ les problèmes de maths.

Nos amis ______ un thé et un sandwich et nous ______ un café et une tarte aux pommes.

Marc et Yvonne ______ l'anglais.

ÜBUNG 22 **Bilde Sätze im Präsens.**

apprendre – les élèves – la géographie – ce matin

______

vendre – nous – la maison – de Pauline

______

prendre – mes parents – le café – au bistrot

______

comprendre – tu – ma question – ?

______

prendre – nous – le métro

______

ÜBUNG 23 **Übersetze die folgenden Sätze. Schreibe in dein Übungsheft.**

Meine Brüder lernen immer für die Schule.
Sie verstehen die Hausaufgaben und verlieren die Bücher nicht.
Sie antworten unserem Lehrer immer.
Montags nehmen sie den Bus.
Ich lerne nicht und ich antworte unserem Lehrer nicht.

3.4 Unregelmäßige Verben

Die am häufigsten gebrauchten **unregelmäßigen Verben** sind ***être*** (sein), ***avoir*** (haben) und ***faire*** (machen, tun):

être

je suis	*nous sommes*
tu es	*vous êtes*
il / elle / on est	*ils / elles sont*

Je **suis** Christian. – Tu **es** de Lyon? – Il **est** prof. – On **est** d'accord. – Nous **sommes** là. – Vous **êtes** au collège. – Ils **sont** super.

avoir

j'ai	*nous avons*
tu as	*vous avez*
il / elle / on a	*ils / elles ont*

J'**ai** mal à la tête. – Tu **as** un cadeau. – Il **a** une voiture. – Nous **avons** faim. – Vous **avez** soif. – Elles **ont** cours.

faire

je fais	*nous faisons*
tu fais	*vous faites*
il / elle / on fait	*ils / elles font*

Je **fais** de la musique. – Tu **fais** du sport? – Elle **fait** des photos. – Nous **faisons** du tennis. – Vous **faites** vos devoirs? – Ils **font** attention.

Achtung: Bei ***ils sont*** stimmloses *s*, bei ***ils ont*** stimmhaftes *s*.

Ils **sont** à la maison. [ilsɔ̃]
Ils **ont** soif. [ilzɔ̃]

Auch ***pouvoir*** (können), ***vouloir*** (wollen) und ***savoir*** (können) sind unregelmäßig:

pouvoir

je peux	*nous pouvons*
tu peux	*vous pouvez*
il / elle / on peut	*ils / elles peuvent*

Je **peux** chanter. – Tu **peux** écrire une lettre. – Il **peut** danser. – Nous **pouvons** dormir ici? – Vous **pouvez** venir? – Ils ne **peuvent** pas venir.

vouloir

je veux	*nous voulons*
tu veux	*vous voulez*
il / elle / on veut	*ils / elles veulent*

Je **veux** un café. – Tu **veux** aussi un café? – Elle **veut** regarder la télé. – Nous **voulons** manger. – Vous **voulez** un coca? – Ils **veulent** travailler.

savoir

je sais	*nous savons*
tu sais	*vous savez*
il / elle / on sait	*ils / elles savent*

Je ne **sais** pas la réponse. – Tu **sais** la réponse? – Elle **sait** l'allemand? – Nous **savons** nager. – Vous **savez** l'arrivée du bus? – Elles **savent** l'espagnol.

Achtung: Die Verben ***pouvoir*** und ***vouloir*** haben im Singular die Endungen ***-x, -x, -t.*** ***Savoir*** hat zwar einen ähnlichen Infinitiv, wird aber anders konjugiert!

Den Verben ***pouvoir, vouloir*** und ***savoir*** folgt häufig ein Infinitiv (↑ Kap. 4.1).	Il **peut ouvrir** la bouteille. Elle **veut fermer** la porte.
Beachte den Bedeutungsunterschied: ▪ ***pouvoir:*** *können* im Sinne von „in der Lage sein, etwas zu tun" ▪ ***savoir:*** *wissen* bzw. *können,* da man es gelernt hat	Je **peux venir** aujourd'hui. (Ich kann heute kommen, weil ich Zeit habe.) Je **sais nager.** (Ich kann schwimmen, weil ich es gelernt habe.)
Die Verben ***aller*** (gehen) und ***venir*** (kommen) sind ebenfalls unregelmäßig:	
aller *je vais* — *nous allons* *tu vas* — *vous allez* *il / elle / on va* — *il / elles vont*	Je **vais** à la maison. – Tu **vas** au collège. – Il **va** à Paris. – Nous **allons** à la boulangerie. – Vous **allez** bien? – Elles **vont** au magasin.
venir *je viens* — *nous venons* *tu viens* — *vous venez* *il / elle / on vient* — *ils / elles viennent*	Je **viens** de l'école. – Tu **viens?** – Elle **vient** de Paris. – Nous **venons** de la plage. – Vous **venez** ce soir? – Ils **viennent** à la fête.
Die folgenden Verben enden zwar alle auf *-re,* haben aber im Singular und im Plural verschiedene Stämme:	
mettre (legen) *je mets* — *nous mettons* *tu mets* — *vous mettez* *il / elle / on met* — *ils / elles mettent*	Je **mets** le cahier sur la table. – Tu **mets** ton pull? – Il **met** les pantalons dans l'armoire. – Vous **mettez** les cahiers sur la table? – Non, nous **mettons** les livres sur la chaise.
écrire (schreiben) *j'écris* — *nous écrivons* *tu écris* — *vous écrivez* *il / elle / on écrit* — *ils / elles écrivent*	J'**écris** une lettre. – Tu **écris** une carte postale. – Elle **écrit** à son amie. – Nous **écrivons** à Pauline. – Vous **écrivez** à Paul? – Ils **écrivent** un livre.
lire (lesen) *je lis* — *nous lisons* *tu lis* — *vous lisez* *il / elle / on lit* — *ils / elles lisent*	Je **lis** un prospectus. – Et toi, tu **lis** un journal? – Il **lit** un livre. – Nous **lisons** une lettre. – Vous **lisez** un livre? – Ils **lisent** un roman.
dire (sagen) *je dis* — *nous disons* *tu dis* — *vous dites* *il / elle / on dit* — *ils / elles disent*	Je **dis** bonjour au prof. – Tu **dis** au revoir? – Elle **dit** la vérité. – Nous **disons** salut. – Vous ne **dites** rien. – Elles **disent** bonjour.

ÜBUNG 24 **Ordne die Formen von *avoir* und *être* aus dem Wortspeicher richtig in die Tabelle ein. Schreibe die Subjektpronomen dazu.**

sont – ont – a – suis – es – ai – avons – est – as – êtes – avez – sommes

avoir	être

ÜBUNG 25 **Setze das Verb *faire* in der richtigen Form ein.**

1. Qu'est-ce que tu ______ aujourd'hui?
2. Je ______ de la musique.
3. Et ta mère? Que ______ ta mère?
4. Ma mère et mon père ______ les devoirs de maths pour moi.
5. Quelle chance! Nous ______ nos devoirs et nos parents ______ du sport!

ÜBUNG 26 **Welches Verb passt in die Lücke: *être, avoir* oder *faire?***

1. Où ______ mes pantalons?
2. Tu ______ des courses *(Einkäufe)* ce matin?
3. Vous ______ de Paris?
4. Tu ______ tes devoirs? – Non, j'écoute la radio.
5. Mes grands-parents ______ une maison en Provence.

WISSEN +

Im Französischen gibt man das **Alter** mit *avoir* an. Merke dir als Eselsbrücke: „Man **hat** das Alter auf dem Buckel."

Vous **avez** quel âge? (Wie alt **seid** ihr / **sind** Sie?)
J'**ai** 12 ans. (Ich **bin** 12 Jahre alt.)

ÜBEN

ÜBUNG 27 Höre dir Track 8 auf der CD mehrmals an. Pauline erzählt von ihren Eltern, ihren Großeltern, ihren vier Geschwistern und von sich selbst. Im Anschluss daran werden dir einige Fragen zu Pauline und ihrer Familie gestellt. Schreibe die Antworten in dein Übungsheft.

8

ÜBUNG 28 Ergänze die richtige Form von *aller.*

Pascal: «Salut, Laurence! Ça ______ ?»

Laurence: «Ça ______ bien, et toi?»

Pascal: «J'ai mal à la tête *(Kopfschmerzen)*. Aujourd'hui, je ______ chez le médecin.»

Laurence: «Tu ______ chez le médecin, et après, nous ______ au café.»

WISSEN

aller à* oder *aller chez*?** ■ Die Präposition ***à steht bei **Ortsangaben,** ■ die Präposition *chez* bei **Personen.**	Il va **à la boulangerie.** (in die Bäckerei) Elle va **chez le boulanger.** (zum Bäcker) Je vais **au collège.** Tu vas **chez le prof.**

ÜBUNG 29 Verwende das Verb *aller* mit den Präpositionen *à* oder *chez* und bilde Sätze mit den vorgegebenen Wörtern.

1. Luc – le dentiste *(Zahnarzt)*:
2. les touristes – la tour Eiffel:
3. nous – le parc:
4. Sabine – la librairie:
5. vous – Pierre:
6. ils – vouloir – la maison:
7. je – vouloir – le médecin:
8. nous – vouloir – la papeterie:

ÜBUNG 30 **Finde im Gitter vier Formen von *pouvoir* und fünf Formen von *vouloir.* Es sind auch Formen von unten nach oben versteckt. Schreibe sie zusammen mit den Subjektpronomen auf.**

B	S	P	X	T	P	E	U	X	H	U	L	L	P
Z	T	F	G	V	O	U	L	E	Z	P	Y	B	N
L	K	J	H	G	U	Z	E	U	R	E	M	D	N
W	Q	V	T	Z	V	O	Y	V	E	U	X	E	Z
O	P	E	W	E	O	S	P	U	T	V	E	U	T
V	O	U	L	O	N	S	P	R	T	E	V	L	U
H	M	L	L	E	S	A	B	M	B	N	E	C	E
U	E	E	A	Z	U	O	P	Q	U	T	P	U	P
J	L	N	T	B	B	A	M	V	G	E	U	L	R
C	X	T	P	E	U	S	V	E	U	L	E	Z	T

pouvoir:

vouloir:

WISSEN

Wenn man einen **Wunsch** höflich ausdrücken möchte, so verwendet man nicht ***je veux,*** sondern ***je voudrais.*** Man spricht dann von Konditional bzw. *le conditionnel.*

Le voleur dit: «**Je veux** votre portemonnaie.» (ich will)

Mme Leclerc est au marché. Elle dit: «**Je voudrais** des tomates.» (ich möchte)

ÜBUNG 31 **Übersetze die folgenden Sätze.**

Mein Freund kann jetzt seine Hausaufgaben machen. *(Da er jetzt Zeit hat.)*
Kannst du Französisch? – Ja, ich kann Französisch.
Ich möchte einen Apfel.
Meine Oma ist schon 83 Jahre alt.
Macht ihr eure Hausaufgaben bei Pierre?
Sie lesen Bücher.
Ihr sagt die Wahrheit.
Sie legen den Rucksack auf den Tisch.
Wir schreiben einen Brief.

Klassenarbeit 1

45 Minuten

AUFGABE 1 **Ergänze die fehlenden Formen im Präsens.**

perdre	nous	**comprendre**	il
sortir	elle	**aller**	je
acheter	je	**pouvoir**	tu
faire	vous	**ouvrir**	il
être	vous	**manger**	tu

AUFGABE 2 **Ergänze die fehlenden Verbformen. Aus den Buchstaben in den markierten Feldern ergibt sich ein Lösungswort.**

1. **vouloir:** elle ____ ____ ____ ____
2. **dormir:** vous ____ ____ ____ ____ ____ ____
3. **pouvoir:** nous ____ ____ ____ ____ ____ ____ ____
4. **partir:** ils ____ ____ ____ ____ ____ ____ ____
5. **attendre:** tu ____ ____ ____ ____ ____ ____ ____
6. **dire:** je ____ ____ ____
7. **faire:** on ____ ____ ____ ____
8. **faire:** nous ____ ____ ____ ____ ____ ____ ____
9. **apprendre:** elles ____ ____ ____ ____ ____ ____ ____ ____ ____ ____
10. **lire:** vous ____ ____ ____ ____ ____

Lösungswort: ____________________

AUFGABE 3 **Ergänze die Sätze mit den angegebenen Verben.**

On ____________ (acheter) des souvenirs pour les parents, Mathilde?

Oui, nous ____________ (acheter) des cartes postales pour papa e maman.

On ______ (aller) dans un magasin et on ____________ (prendre) les cartes.

Après, nous ____________ (aller) dans une librairie.

À midi, on ____________ (manger) dans un restaurant?

Oui, nous __________________ (manger) chez Laurent.

AUFGABE 4 **Bilde acht sinnvolle Sätze, indem du jedem Kasten ein Satzteil entnimmst. Schreibe in dein Übungsheft.**

L'après-midi, les enfants – Le train pour Paris – Pendant les vacances, Luc – Après l'école, Mme Dubois – Chérie, ce soir, nous – À l'école, les élèves – Aujourd'hui, nous – Le chat Minou

dormir – partir – sortir – comprendre

jusqu'à cinq heures – sur le lit de Stéphanie – de l'hôtel – à neuf heures – en vacances – les maths – à Paris – à deux

AUFGABE 5 **Ergänze den Text mit den folgenden Verben. Es gibt dabei manchmal mehrere Möglichkeiten.**

commencer – lire – écrire – aller – dire – prendre – acheter – répondre – discuter – être – préparer

Après le dîner, les copains ______.

Edouard et Maxime ______ un livre sur Paris.

Madeleine ______ une lettre à sa copine Camille.

Richard ______ un journal de télé.

«Regarde», ______ Richard, «il y a un film sur Astérix à la télé.»

«Mais le film ______ à 11 heures.»

«C' ______ trop tard?»

«Oui, nous ______ à l'école demain.», ______ Edouard.

«Alors, on regarde le film sur Jeanne d'Arc. Et toi, tu ______ des sandwichs.»

«Et vous, vous ______ des boissons *(Getränke)*.»

AUFGABE 6 **Füge *je voudrais* und andere Formen von *vouloir* ein.**

Caroline fait des courses au marché: «Je ______ des pommes et des citrons.»

Le petit Julien crie: «Maman, je ______ un coca!»

Vous ______ visiter les monuments de Paris? – Nous ______ bien.

Tu ______ écouter des CD? – Non, je ______ regarder un film.

AUFGABE 7 **Sind alle Verbformen richtig? Korrigiere, falls nötig.** ACHTUNG FEHLER

1. tu peus ______
2. ils écrivent ______
3. je faix ______
4. vous savez ______
5. il sait ______
6. il met ______
7. nous saivons ______
8. ils mettent ______
9. vous disez ______
10. elles litent ______
11. nous peuvons ______
12. ils allent ______

AUFGABE 8 **Lies den folgenden Brief von Manon. Leider hat ihr Bruder mit Wasser gespritzt, sodass zehn Verben nicht mehr leserlich sind.**

Chère Caroline,

Ce week-end, nous all ______ chez ma tante Sophie. Elle sa ______ très bien faire la cuisine *(kochen)*. C'est pourquoi, nous mang ______ un repas super. Ma tante Sophie et mon oncle Ludovic ______ aussi un jardin génial. Là, nous p ______ vons jouer au foot. Mon oncle Ludovic aime li ______ et jou ______ à l'ordinateur. Il ach ______ deux jeux vidéo par semaine. Je suis sûre: ce week-end e ______ magnifique! J'atte ______ ta réponse!

Bisou, Manon

AUFGABE 9 **Übersetze die folgenden Sätze und schreibe sie in dein Übungsheft.**

Wie alt ist Malika? – Sie ist siebzehn Jahre alt.
Wir gehen heute ins Schwimmbad *(la piscine)*. Danach gehen wir zu Onkel Pierre.
Ich möchte Äpfel, Tomaten und Zitronen.
Ich kann Fußball spielen, aber heute kann ich nicht spielen, ich bin müde *(fatigué)*.

Klassenarbeit 2

45 Minuten

AUFGABE 10 **Die Subjektpronomen sind verloren gegangen: Trage sie jeweils zu dem Verb in die Wolke ein. Es kann mehrere Möglichkeiten geben.**

vais

ouvre

écris

as

AUFGABE 11 **Welche Verbform ist richtig? Markiere.**

Isabelle sortit / sort avec son copain. Ils vont / allent danser.
Je peus / peux t'offrir un café au lait? – Avec plaisir, j'adore buver / boire du café. – Et vous, vous prenez / prennez aussi un café? – Non, je boive / bois un thé au citron.
Mathilde et Claude, qu'est-ce que vous veulez / voulez? – Nous voulons / veulons une limonade.
Qu'est-ce qu'on fait / faite ce soir? – On peut regarder / peuve regarder / regardez la télé.
Et qu'est-ce que vous faitez / faites après l'école? – On vait / va à la piscine.
Il faut dire / direr toujours la vérité *(die Wahrheit)*. Vous disez / dites toujours la vérité?

AUFGABE 12 **Prüfe, ob die Verbformen richtig sind, und streiche alle falschen Formen durch. Schreibe die korrigierten Formen auf die Linie darunter.**

ACHTUNG FEHLER

1. je mette – ils perdent – elles dorment – ils saivent – on attent – il offre

2. il partit – nous appellons – il écrive – j'ouvris – vous perdez – tu regardes

3. nous mangons – ils viennent – elles faitent – ils sont – tu sors – nous paions

TESTEN

AUFGABE 13 **Ergänze die Sätze mit den Verben aus dem Wortspeicher und setze sie jeweils in der richtigen Form ein.**

aller (3 x) - avoir (5 x) - comprendre (2 x) - être - faire (2 x) - lire - mettre (2 x) - pouvoir (3 x) - savoir (2 x) - vouloir

Le week-end, j'aime ________ des livres.

On ________ chez Claude après les cours? – Non, nous ________ chez Christine.

Allô, Claire, tu ________ à la maison?

Qu'est-ce que vous ________ ? – Nous ________ nos devoirs.

Aujourd'hui, je ________ mal aux dents. Alors, je ________ vite chez le dentiste.

Vous ________ quel âge? – Je ________ vingt ans.

Où est-ce que tu ________ les livres? – Je les ________ sur l'étagère.

Tu ________ m'aider? – Bien sûr, je ________ t'aider.

Il ne ________ pas visiter le musée, il ne ________ pas envie.

Tu ________ nager? – Oui, je ________ nager, mais aujourd'hui, je ne ________ pas, je ________ la grippe.

Vous ________ les maths? – Non, mais nous ________ les devoirs de latin.

AUFGABE 14 **Übersetze die folgenden Sätze und schreibe sie in dein Übungsheft.**

Marie schreibt ihrer Freundin eine E-Mail.
Wir fangen um 8 Uhr an. Kommt also rechtzeitig *(à temps)!*
Gehen wir heute ins Restaurant oder essen wir zu Hause?
Ich heiße Ludo. Und wie heißen Sie?
Was sagen Sie? Ich verstehe nicht.
Geht es Ihnen gut?
Kannst du Englisch sprechen? – Ja, ich kann Englisch sprechen.
Ich kann heute kommen, weil es keine Hausaufgaben gibt.
Wir gehen zum Bäcker, dann geht Pierre ins Schreibwarengeschäft.

4 Tempus und Modus

4.1 Verben mit Infinitivergänzung

Wie im Deutschen kann auf die Verben ■ *vouloir* (wollen),	Je **veux** travailler. (Ich will arbeiten.) Nous **voulons** manger des frites. (Wir wollen Pommes Frites essen.)
■ *pouvoir* (können) und	Tu **peux** regarder le livre. (Du kannst das Buch anschauen.) Vous **pouvez** visiter le Louvre. (Ihr könnt / Sie können den Louvre besuchen.)
■ *savoir* (wissen, können)	Elle **sait** faire du vélo. (Sie kann Fahrrad fahren.)
ein Infinitiv folgen. Man spricht dann von einer Infinitivergänzung. Diese Verben werden unregelmäßig konjugiert (↑ Kap. 3.4).	

Verneinung und Objektpronomen

Bei Verben mit Infinitivergänzung umklammern die **Verneinungswörter** (*ne ... pas, ne ... plus* usw.) das konjugierte Verb (↑ Kap. 6). Der Infinitiv steht dahinter.	Nous **ne voulons pas** regarder la télé. Vous **ne pouvez pas** aider Julien. Elles **ne savent pas** parler l'allemand.
Die **Objektpronomen** stehen bei Verben mit Infinitivergänzung **vor dem Infinitiv** (↑ Kap. 2.4).	Tu veux inviter mes amis? – Oui, je veux **les inviter.** Elle peut trouver la carte? – Oui, elle peut **la trouver.** L'allemand? Je sais **le parler.** Il veut te donner le livre? – Oui, il veut **me donner** le livre.
Dies gilt auch bei **Verneinung.**	Les amis? Je ne veux pas **les inviter.**

ÜBUNG 1 **Finde die Formen von *vouloir, pouvoir, savoir* und setze die passenden Subjektpronomen davor.**

tuev

tnevsa

ssia

vuopsno

snovsa

uxep

ÜBUNG 2 **Bilde kurze Sätze mit *vouloir, pouvoir* oder *savoir* + Infinitivergänzung.**

nous mangeons + vouloir

je suis prof + pouvoir

il chante + savoir

vous jouez + vouloir

tu rentres + pouvoir

ÜBUNG 3 **Beschreibe die Bilder, indem du Sätze mit *vouloir, pouvoir* oder *savoir* formulierst.**

Minou

Alexandre

Sandrine

Mon grand-père

Ils

ÜBUNG 4 **Setze *vouloir, pouvoir* oder *savoir* richtig ein.**

Vous ______ aller dans un restaurant à Paris. Mais vous ne ______ pas trouver un restaurant super. On ______ demander à l'office de tourisme *(Fremdenverkehrsbüro)*.

Tu ______ parler l'allemand? – Oui, mais je ne ______ pas parler à présent, j'ai mal aux dents *(Zahnweh)*.

Vous ______ jouer au tennis? – Non, mais je ______ faire du foot.

À midi, ils ______ rentrer à la maison mais ils ne ______ pas.

Vous ______ m'aider? – Oui, je ______ et je ______ vous aider.

ÜBUNG 5 **Beantworte die Fragen und ersetze das Objekt durch ein Objektpronomen.**

Tu veux regarder les photos? – Oui, ______

Vous pouvez trouver le portable? – Oui, ______

Tes amis savent parler l'anglais? – Oui, ______

Vous voulez acheter la fleur? – Oui, ______

Je peux regarder la télé? – Oui, ______

ÜBUNG 6 **Antworte verneint und ersetze das Objekt durch ein Objektpronomen.**

Apprends tes mots. – Non, ______

Regarde tes livres. – Non, ______

Mange la pomme. – ______

Cherche ton livre. – ______

Prends la tarte. – ______

Achète les cahiers. – ______

ÜBUNG 7 **Übersetze die folgenden Sätze in deinem Übungsheft.**

Ich will zu meiner Tante gehen.
Wir können heute nicht fernsehen.
Er kann zeichnen. *(Er weiß, wie es geht.)*
Wo ist das Foto? – Ich kann es nicht finden.

4.2 *Futur composé*

Die Bildung

Das ***futur composé*** (zusammengesetzte Zukunft) drückt zukünftige Handlungen aus. Du bildest es mit dem Präsens des Verbs ***aller*** und einem **Infinitiv.**

Je	**vais**	**dormir.**
Ils	**vont**	**manger.**
Il	**va**	**aller.**
	↑ aller	+ ↑ *Infinitiv*

Ich werde schlafen.
Sie werden essen.
Er wird gehen.

Im Deutschen wird die Zukunft mit dem Präsens des Verbs ***werden*** und einem **Infinitiv** gebildet.

Das Verb ***aller*** gehört zu den unregelmäßigen Verben (↑ Kap. 3.4).

Je **vais** chercher le livre.
Tu **vas** chanter.
Elle **va** danser.
Nous **allons** jouer.
Vous **allez** arriver.
Ils **vont** trouver le CD.

Verneinung und Objektpronomen

Wird ein Satz im *futur composé* verneint, umklammern die **Verneinungswörter** (*ne ... pas, ne ... jamais* etc.) die **konjugierte Form von *aller*.** Das Verb im Infinitiv steht hinter der Verneinung.

Patrick **ne va pas** jouer au foot.

Tu **ne vas jamais** travailler.

Objektpronomen stehen wie bei den anderen Verben mit Infinitivergänzung direkt **vor dem Infinitiv** (↑ Kap. 2.4).

Les livres? Je vais **les** regarder.
La télé? Nous allons **la** regarder.

Dies gilt auch bei **Verneinung.**

La télé? Je **ne** vais **plus la** regarder.

Nos devoirs? Nous **n'**allons **pas les** faire.

Tu vas manger le fromage? –

Non, je **ne** vais **jamais le** manger.

WISSEN

ÜBUNG 8 **Setze das Verb *dormir* in allen Personen ins *futur composé*.**

je ______ tu ______ il ______

nous ______ vous ______ ils ______

ÜBUNG 9 **Setze die folgenden Verben ins *futur composé*.**

1. prendre: nous ______
2. attendre: je ______
3. ouvrir: elle ______
4. raconter: tu ______
5. faire: nous ______
6. sortir: vous ______

ÜBUNG 10 ***Victor raconte: Ma vie dans 20 ans.* Höre dir Track 9 auf der CD an und ergänze die Verbformen im Präsens. Wandle die Sätze anschließend ins *futur composé* um und schreibe sie in dein Übungsheft.**

9

Je ______ comme prof.

Je ______ une femme et une maison.

Je ______ propriétaire d'un chien.

Ma femme et moi, nous ______ trois enfants.

Je ______ du foot et nous ______ à Paris.

ÜBUNG 11 **Setze zuerst die Verbformen ins *futur composé*. Bilde anschließend Sätze, indem du sie sinnvoll mit den Wendungen aus dem Wortspeicher ergänzt. Schreibe diese in dein Übungsheft.**

à la piscine – en vacances – le livre – un arbre – des histoires – dans ton lit – son amie – un café – allemand – mon nouveau CD

tu racontes ______ nous prenons ______

vous parlez ______ il attend ______

vous partez ______ elle dessine ______

j'écoute ______ tu ouvres ______

tu dors ______ nous allons ______

ÜBEN

ÜBUNG 12 **Beschreibe die Bilder: Was werden die Personen morgen machen?**

Luc

Charlotte

Émilie

Vous

Tu

ÜBUNG 13 **Bilde aus den vorgegebenen Wörtern Sätze im *futur composé*.**

On – faire – de l'escalade

Tu – donner – des réponses

Mes amis – ne pas – habiter – à Paris

Demain – nous – sortir – avec nos parents

M. et Mme Rocher – trouver – un appartement

ÜBUNG 14 **Übersetze die folgenden Sätze und schreibe sie in dein Übungsheft.**

Morgen werden wir zu Laurette gehen.
Heute werde ich nicht im Restaurant essen.
Wo sind die Bücher? – Sie sind hier. Wir werden sie nach Hause tragen.
Werden Sie das Museum besuchen? – Nein, ich werde es nicht besuchen.

4.3 *Passé composé*

Die Bildung

Das ***passé composé*** (zusammengesetzte Vergangenheit) drückt Handlungen in der Vergangenheit aus.
Du bildest es mit dem Präsens des **Hilfsverbs *avoir*** bzw. ***être*** und dem **Partizip Perfekt** *(participe passé)*.

J'	**ai**	**travaillé.**
Ils	**ont**	**mangé.**
Il	**est**	**allé.**
	↑ *Hilfsverb*	+ ↑ *participe passé*

Auch im Deutschen wird das Perfekt mit dem Präsens des Hilfsverbs *haben* bzw. *sein* und dem Partizip Perfekt gebildet.

Ich habe gearbeitet.
Sie haben gegessen.
Er ist gegangen.

Die meisten Verben bilden das ***passé composé*** mit ***avoir*** (↑ Kap. 3.4).

J'**ai** cherché le livre.
Tu **as** chanté.
Elle **a** dansé.
Nous **avons** joué.
Vous **avez** parlé.
Ils **ont** trouvé le CD.

Das ***participe passé*** wird je nach Verbgruppe unterschiedlich gebildet:

J'ai **joué** au foot.
Tu as **répondu** à sa question.
Il a **dormi** cette nuit.

- Verben auf *-er* → ***-é***
- Verben auf *-dre* → ***-u***
- Verben auf *-ir* → ***-i***

regard**er** → regard**é**
ven**dre** → vend**u**
dorm**ir** → dorm**i**

Einige häufige Verben haben ein **unregelmäßiges *participe passé*.** Präge dir diese Formen gut ein.

avoir	→ **eu** [y]	dire	→ **dit**
être	→ **été**	écrire	→ **écrit**
savoir	→ **su**	faire	→ **fait**
pouvoir	→ **pu**	prendre	→ **pris**
vouloir	→ **voulu**	ouvrir	→ **ouvert**
lire	→ **lu**	boire	→ **bu**

Die Verneinung

Im **verneinten** Satz umklammern die Verneinungswörter (*ne ... pas, ne ... jamais* etc.) die konjugierte Form von ***avoir*** (↑ Kap. 6.2).

Je **n'ai pas** cherché les livres.

Barbara **n'a jamais** travaillé.

Nous **n'avons pas** trouvé le ballon.

Ils **n'ont pas** dessiné la rose.

ÜBUNG 15 **Bilde die richtige Form des *participe passé*.**

1. manger →
2. lire →
3. prendre →
4. être →
5. sortir →
6. faire →
7. perdre →
8. partir →
9. vendre →
10. pouvoir →
11. avoir →
12. ouvrir →

ÜBUNG 16 **Markiere die richtige Form des *participe passé* und streiche die falschen Formen durch.**

boire: boivu – boiru – bu

savoir: savu – su – sue

comprendre: comprendu – comperdu – compris

offrir: offert – offré – offri

attendre: attendé – attendu – attendi

vouloir: voulé – volu – voulu

ÜBUNG 17 **Madeleine erzählt von ihren Ferienerlebnissen in Brüssel. Höre dir Track 10 auf der CD an und setze die fehlenden Verben im Präsens ein. Wandle den Text anschließend ins *passé composé* um und schreibe ihn in dein Übungsheft.**

10

Dimanche, nous ______ le centre-ville.

À midi, nous ______ dans un restaurant.

Maman ______ des crêpes, papa et moi, nous ______ le coq au vin.

Puis, on ______ la cathédrale.

Après, nous ______ notre promenade et nous ______ les magasins.

Le soir, nous ______ notre hôtel et on ______.

ÜBEN

ÜBUNG 18 ***Un matin chez Corinne:*** **Setze die Verbformen ins *passé composé*. Schreibe in dein Übungsheft.**

À 7 heures, nous prenons le petit déjeuner.
Nous mangeons des croissants.
Après le petit déjeuner, nous préparons nos sacs à dos *(Rucksäcke)*.
À 7 heures et demie, papa quitte la maison pour aller au bureau.
À 8 heures, nous sommes au collège.
Le travail commence!

ÜBUNG 19 **Finde das passende Verb und setze es im *passé composé* in die Lücke.**

passer – raconter – ouvrir – prendre – pouvoir – comprendre – accompagner

Maxime __________ ses amis à la maison.
Mon frère __________ les photos.
Tu __________ les maths?
Ma grand-mère m' __________ une légende.
Sarah __________ ses vacances à Rome.
Il __________ la porte.
Nous n' __________ pas __________ regarder le film.

ÜBUNG 20 **Was habt ihr am Wochenende gemacht? Übersetze die folgenden Sätze.**

Ich habe meinen Computer repariert. *(réparer)*

____

Wir haben ein Fest veranstaltet und unsere Freunde eingeladen.

____

Mein Vater und ich haben ein Museum besucht.

____

Meine Schwestern haben einen Film angesehen.

____

4.4 Imperativ

Den **Imperativ** (die Befehlsform) verwendet man in **Aufforderungssätzen.**	**Regarde** la robe. – Schau das Kleid an! **Travaillez** vite. – Arbeitet schnell!
Achtung: Nach dem französischen Imperativ steht als Satzzeichen ein **Punkt.** Im Deutschen steht hingegen ein Ausrufezeichen.	Dors**.** – Schlafe**!**

Die Bildung

Es gibt drei Formen des Imperativs:	
■ den Imperativ für eine Person,	**Achète** deux baguettes. (Kauf zwei Baguettes!)
■ den Imperativ für eine Gruppe, zu der auch der Sprecher gehört,	**Allons** au Louvre. (Gehen wir zum Louvre!)
■ den Imperativ für mehrere Personen sowie für eine Person in der Höflichkeitsform.	**Regardez** la jupe. (Schaut / Schauen Sie den Rock an!)
Beachte: Der Imperativ steht immer **ohne Subjektpronomen!**	

		Imperativ:
Der Imperativ für eine Person (Imperativ Singular) entspricht der 1. Person Singular Präsens.	j'écoute	→ Écoute.
	j'attends	→ Attends.
	je pars	→ Pars.
	j'ouvre	→ Ouvre.
Der Imperativ der 1. und 2. Person Plural *(nous, vous)* hat die gleichen Endungen wie die entsprechenden Präsensformen.	nous cherchons	→ Cherchons.
	vous trouvez	→ Trouvez.
Beachte: Das Verb ***aller*** hat im Imperativ Singular eine Sonderform und bildet den Imperativ aus der 3. Person Singular. Im Plural ist die Bildung jedoch wieder regelmäßig.	je vais	→ **Va.**
	nous allons	→ Allons.
	vous allez	→ Allez.

Die Verneinung

Wird der Imperativ **verneint,** so umklammert die Verneinung den Imperativ.	**Ne** regarde **pas** le journal. **Ne** cherchons **pas** le chat. **N'**allez **pas** à la maison.

WISSEN

ÜBUNG 21 **Bilde jeweils den Imperativ zu den folgenden Verben.**

	2. Pers. Sg.	2. Pers. Pl.	1. Pers. Pl.
écouter			
attendre			
prendre			
dormir			
aller			

ÜBUNG 22 **Victor ist heute sehr faul. Seine Mutter fordert ihn auf zu arbeiten. Wähle ein passendes Verb und bilde den Imperativ im Singular.**

apprendre - ranger - écouter - jouer - aller - ramasser

Victor, ______ les papiers, ______ ta chambre, ______ du piano, ______ à l'école, ______ la grammaire, ______ le prof.

ÜBUNG 23 **Auch der Lehrer muss Victor immer wieder ermahnen. Höre dir Track 11 auf der CD an und ergänze zunächst die Sätze. Forme sie anschließend in deinem Übungsheft in verneinte Imperative um.**

11

Victor ______ par la fenêtre, il ______ avec les livres, il ______ toujours aux copains, il ______ pendant les cours, il ______ à l'école, il ______ à la maison quand il veut et il ______ pendant les cours. Quel élève horrible!

ÜBUNG 24 **Übersetze die folgenden Sätze in dein Übungsheft.**

Warten wir vor der Schule!
Schlaft nicht zu lange *(trop longtemps)!*
Luc, geh heim! Pierre und Christine, geht zu Tante Clotilde!
Gehen wir nicht zum Arzt!

Klassenarbeit 1

45 Minuten

AUFGABE 1 **Finde das *participe passé*.**

1. US:		2. TÉÉ:	
3. IRPS:		4. UORTEV:	
5. ITFA:		6. LUOVU:	

AUFGABE 2 **Setze die Verbformen ins *passé composé*.**

je fais	
nous prenons	
tu as	
elle achète	
elles comprennent	
il est	
on répond	
vous ouvrez	
il sait	
nous pouvons	

AUFGABE 3 **Bilde alle drei Imperativformen der folgenden Verben.**

	2. Pers. Sg.	2. Pers. Pl.	1. Pers. Pl.
donner			
aller			
partir			
répondre			
apprendre			
ouvrir			

AUFGABE 4 **Finde sieben Imperative im folgenden Buchstabengitter.**

a	k	m	d	i	s	r	i	t	s
t	r	é	o	p	r	e	p	s	i
t	a	c	r	e	g	a	r	d	e
e	c	o	m	o	n	t	e	s	l
n	o	u	o	v	o	n	n	t	u
d	n	t	n	l	m	f	d	i	t
t	t	e	s	o	r	s	s	o	u

AUFGABE 5 **Mme Crétien schimpft mit ihrer Tochter Camille. Bilde den bejahten bzw. den verneinten Imperativ.**

faire attention à l'école: Fais attention à l'école.

faire les devoirs:

écouter les professeurs:

jouer aux cartes à l' école:

regarder par la fenêtre:

AUFGABE 6 **Was hat die Familie Bruel am Wochenende vor? Setze *aller, pouvoir* oder *vouloir* mit Infinitivergänzung ein.**

vouloir: Samedi, nous sortons.

aller: On fait une promenade dans la nature.

vouloir: Après, nous invitons des amis.

aller: Nos amis Camille et Jean apportent des tartes.

pouvoir: Ma cousine Rachel fait une salade de fruits.

TESTEN

AUFGABE 7 **Berufswünsche: Bilde Sätze im *futur composé*. Schreibe in dein Übungsheft.**

Patrick – travailler – comme dessinateur
Grégory – faire – de la musique
Victor et Nathalie – faire – du sport
Tu – habiter – à Berlin – et – avoir – un hôtel

AUFGABE 8 ***Stéphanie raconte:* Setze die Verben in der angegebenen Zeit ein.**

Aujourd'hui, je ______ (travailler: *futur composé*).
Je ne ______ pas ______ les maths (pouvoir comprendre: *présent*).
Je ______ les maths toute la journée (apprendre: *futur composé*).
Hier, ma famille ______ une journée à la piscine (passer: *futur composé*).
On ______ (nager: *passé composé*).
Moi et mes frères, nous ______ (jouer: *passé composé*) et mes parents ______ (dormir: *passé composé*).
Ce week-end, nous ______ un tour (vouloir faire: *présent*).
On ne ______ pas ______ chez les Petit (pouvoir aller: *présent*).
Ils ______ en vacances (être: *futur composé*).

AUFGABE 9 **Setze die folgenden Sätze ins *passé composé*.**

Nous perdons le match de tennis. ______
Elle attend sa mère. ______
Tu dors bien dans ce lit? ______
Ils n'entendent pas les CD. ______
Vous avez une maison super! ______

AUFGABE 10 **Übersetze die folgenden Sätze und schreibe sie in dein Übungsheft. Beachte die Zeiten!**

Gestern habe ich mein Fahrrad repariert.
Morgen werden wir ein Radio kaufen.
Ich kann Tennis spielen.
Wir wollen heute ausgehen.
Vater hat das Auto nicht verkauft.

Klassenarbeit 2

45 Minuten

AUFGABE 11 **Der Onkel von Pauline stellt Fragen, doch es ist alles schon geschehen. Gib ihm eine positive Antwort im *passé composé*.**

1. Est-ce que tes amis visitent Paris aujourd'hui?
2. Est-ce qu'ils achètent des billets pour le concert de Faudel?
3. Tu téléphones à tes amis?
4. Est-ce que tes parents invitent Madeleine à manger?

AUFGABE 12 **Julien ist heute ziemlich faul. Seine Mutter muss ihn deshalb tadeln. Bilde wie angegeben die bejahten oder verneinten Sätze im Imperativ.**

aller dans la chambre
ranger la chambre
jouer du piano
faire les devoirs
travailler dans le jardin

dormir
écouter la musique de rock
manger dans le lit
téléphoner aux copains
sortir ce soir

TESTEN

AUFGABE 13 **Ein Samstag in Südfrankreich. Setze die Verbformen ins *passé composé*.**

Samedi, nous ______ (faire) un tour à Antibes.
D'abord, on ______ (faire) une promenade au centre-ville et nous ______ (prendre) beaucoup de photos.
À midi, nous ______ (manger) dans un bon restaurant au bord de la mer. Le patron ______ (préparer) un couscous super pour nous.
Puis, nous ______ (visiter) le musée de Picasso, où ma mère ______ (acheter) 30 cartes postales.
Tout à coup, il y ______ (avoir) une tempête *(ein Sturm)*.
Nous ______ (chercher) la voiture pour rentrer à la maison.
Là, nous ______ (fêter) l'anniversaire de mon frère.
Mes grands-parents ______ (manger) le gâteau d'anniversaire avec nous.
On ______ (chanter) et on ______ (danser) toute la nuit. Quelle journée!

AUFGABE 14 **Setze die Verben in die angegebene Zeit.**

Céline ______ (passer: *futur composé*) ses vacances en Provence. Là-bas, ses parents ______ (acheter: *passé composé*) une petite maison avec un joli jardin.
L'année dernière, il ______ (faire: *passé composé*) très chaud. Céline ______ (penser: *présent*): «Est-ce qu'il ______ (faire: *futur composé*) très chaud cet été aussi?»
Céline et ses parents ______ (faire: *passé composé*) le voyage très tôt le matin. Après six heures de route, ils ______ (ne pas être: *passé composé*) trop fatigués.
Céline dit: «Vite. Nous ______ (prendre: *futur composé*) un bain de soleil.»

Wortstellung

5.1 Direktes und indirektes Objekt

Man unterscheidet zwischen **direktem Objekt** (Akkusativ) und indirektem Objekt (Dativ).

- Im Französischen folgt das **direkte** Objekt unmittelbar auf das Verb, d. h., es steht ohne Präposition.
- Das **indirekte** Objekt wird häufig mit der **Präposition *à*** angeschlossen.

Aufgepasst: Im Französischen steht zuerst das direkte Objekt – im Unterschied zum Deutschen.

Claude regarde **une BD.**
Luc parle à Lisa.
Lisa donne **le vélo** à Luc.

direktes Objekt „wen oder was“ *indirektes Objekt* „wem“

Je raconte **une histoire** à Nathalie.

Ich erzähle Nathalie **eine Geschichte.**

Nicht immer entsprechen deutsches und französisches Objekt einander:

aider qn	↔	**jdm.** helfen
attendre qn / qc	↔	**auf** jdn. / etw. warten
demander qc à qn	↔	jdn. **nach** etw. fragen
écouter qn	↔	**jdm.** zuhören
téléphoner à qn	↔	**jdn.** anrufen

Merke: Lerne die **Verben** immer zusammen mit ihrer **Ergänzung:**
***qn** = quelqu'un* (jemand)
***qc** = quelque chose* (etwas)

Il aide **son père.** → *direktes Objekt*
Er hilft **seinem Vater.** → *indirektes Objekt*

J'attends ta réponse.
Tu demandes l'heure à Claude. (Uhrzeit)
Vous m'écoutez?
Ma copine téléphone à sa mère.

Folgende Verben schließen das indirekte Objekt mit der **Präposition *à*** an:

dire qc à qn	jdm. etw. sagen	Je **dis** bonjour **à** Claudine.
écrire qc à qn	jdm. etw. schreiben	Tu **écris** une lettre **à** ta tante.
donner qc à qn	jdm. etw. geben	Maman **donne** une pomme **à** Pascal.
montrer qc à qn	jdm. etw. zeigen	Nous **montrons** des photos **à** Pierre.
offrir qc à qn	jdm. etw. anbieten	Vous **offrez** l'apéritif **à** vos amis.
raconter qc à qn	jdm. etw. erzählen	Elle **raconte** des histoires **à** mes frères.
parler à qn	mit / zu jdm. sprechen	Luc **parle à** son professeur.

Deutlich: Die Präposition *à* verschmilzt mit dem bestimmten Artikel *le* bzw. *les* (↑ Kap. 1.3):
à + le → ***au***
à + les → ***aux***

Ils parlent **au** prof, **à l'**amie, **à la** tante et **aux** parents.

ÜBUNG 1 **Folgt auf das Verb ein direktes oder ein indirektes Objekt? Kreuze an.**

	direktes Objekt	indirektes Objekt
attendre	☐	☐
parler	☐	☐
écouter	☐	☐
téléphoner	☐	☐

ÜBUNG 2 **Bilde Sätze im Präsens. Ergänze, wenn nötig, die Präposition *à*.**

nous – parler – notre professeur

Isabelle – attendre – ses amis

les correspondants – écrire – des lettres – les élèves

Luc – écouter – des CD – dans le salon

maman – montrer – des photos – les amis

tu – donner les livres – garçon

ÜBUNG 3 **Was tun die Personen? Beschreibe die Bilder in deinem Übungsheft.**

1.

2.

3.

ÜBUNG 4 ***La machine à phrases*** **– die Satzmaschine: Bilde fünf Sätze aus den drei Wortspeichern. Achte dabei auf die richtige Wortstellung.**

Subjekte	Verben	Objekte
nous	penses	aux enfants
Ludo et Nathalie	téléphonons	un e-mail
Mme Durand	racontez	le professeur
tu	écoutent	une histoire
vous	écrit	à nos parents
		aux vacances
		à sa sœur

ÜBUNG 5 **Lisa schreibt ihrer französischen Brieffreundin. Dabei macht sie noch viele Fehler. Finde sechs Fehler und verbessere den Brief in deinem Übungsheft.**

ACHTUNG FEHLER

Chère Marie,

Tu aimes les maths? Moi, j'ai des problèmes en maths. Je demande toujours une explication mon professeur. Il explique toujours les problèmes à les élèves. Il aide aussi à ses élèves.
Mais je ne comprends pas. Le soir, je téléphone mon oncle. Il parle mon professeur et dit: «Expliquez les maths vos élèves encore une fois.»
Mon prof explique et explique, mais nous ne comprenons rien.

Bisous,
Lisa

ÜBUNG 6 **Übersetze die folgenden Sätze und schreibe sie in dein Übungsheft.**

1. Pascal zeigt Madeleine seine Bücher.
2. Claire gibt Marie ein Geschenk.
3. Meine Tochter hilft mir heute.
4. Wir schreiben Lucas eine E-Mail.
5. Die Schüler hören ihm nie zu.
6. Ihr ruft mich an.

ÜBEN

5.2 Stellung von Orts- und Zeitangaben

Im Aussagesatz gilt im Französischen genau wie im Englischen und Deutschen die Satzstellung S – V – O:
Subjekt – Verb – Objekt

S	*V*	*O*
Je	regarde	les livres.
I	look	at the books.
Ich	schaue	die Bücher an.

Der Aussagesatz kann durch eine **Orts- oder Zeitangabe** (adverbiale Bestimmung) ergänzt werden.

Stéphanie lit un livre **dans le salon.**
Mme Durand téléphone à Annie **ce soir.**

Grundsätzlich können **adverbiale Bestimmungen** im Französischen am **Satzanfang** oder am **Satzende** stehen.

Ce soir, Mathilde écrit une lettre à sa cousine. – Mathilde écrit une lettre à sa cousine **ce soir.**
Dans la salle de classe, le professeur compte les élèves. – Le professeur compte les élèves **dans la salle de classe.**

Anders als im Deutschen ändert sich im Französischen die Wortstellung nicht, wenn der Satz durch die adverbiale Bestimmung **eingeleitet** wird. Sie wird dann aber durch ein Komma vom Satz getrennt.

Dans la chambre, Elsa **cherche** le CD.

Im Zimmer **sucht** Elsa die CD.

Ortsangaben mit *être* und *il y a*

Drückt man aus, **wo** sich etwas oder jemand befindet, verwendet man eine Form von ***être.*** Die Ortsangabe steht in diesem Fall am Satzende.

L'ordinateur **est** sur la table.
Les amies **sont** dans le salon.
Nous **sommes** à Paris.

Drückt man aus, **wer oder was** sich an einem Ort befindet, so verwendet man ***il y a.*** Die Ortsangabe kann am Satzanfang oder am Satzende stehen.

Sur la table, **il y a** un ordinateur.
Il y a un ordinateur sur la table.

Merke: Steht die Ortsangabe am Satzanfang, so kann nur *il y a* stehen:
Ortsangabe + *il y a*

Dans le salon, **il y a** Juliette et Claire.
Juliette et Claire **sont** dans le salon.

ÜBUNG 7 **Höre dir Track 12 auf der CD an und schreibe die drei Sätze in dein Übungsheft. (Du hörst jeden Satz zweimal.) Bestimme anschließend die Satzglieder wie im Beispiel.**

12

Beispiel: Sabine écoute un CD dans sa chambre.

Sabine	écoute	un CD	dans sa chambre.
↑	↑	↑	↑
S	V	dir. O	adv. B des Ortes

ÜBUNG 8 ***La fête de Claire:*** **Ergänze die Sätze mit den Wörtern aus den Wortspeichern.**

Verben

donne
ouvre
préparent
écoutent
mange
dansent
sonnent
~~c'est~~

Objekte

des salades
~~la fête~~
des CD
des jus
des gâteaux
la porte

adv. Bestimmungen

la salle de séjour
ce soir
après
la cuisine

C'est ______ la fête ______ de Claire ______.
Les copines de Claire ______ et apportent ______.
Claire ______ ______.
Elles ______ ______ de fruits et ______
dans ______.
Dans ______,
elles ______ ______
et ______.
______, on ______.

ÜBUNG 9 **Übersetze die folgenden Sätze und schreibe sie in dein Übungsheft.**

Im Haus von Pascal gibt es ein Badezimmer, ein Schlafzimmer und ein Wohnzimmer.
Im Karton ist der Computer.
Die Bücher sind auf dem Stuhl.
Die Äpfel? Sie sind auf dem Tisch.

ÜBEN

5.3 Nebensätze

Ein Nebensatz ist von einem anderen Satz abhängig und kann nicht alleine stehen. Nebensätze erkennt man unter anderem daran, dass sie durch eine **Konjunktion** (Bindewort) eingeleitet werden, z. B.:
parce que (weil)
quand (wenn)
que (dass)

Hauptsatz	*Nebensatz*
Je dors	**parce que** je suis fatigué.
Ich schlafe,	**weil** ich müde bin.

On cherche Luc **parce qu'**il n'est pas là.
Elle fait une promenade **quand** il fait beau.
Sabine dit **qu'**elle lit le journal chaque jour.

Vor Vokal und stummem *h* steht *qu'*.

Merke: Anders als im Deutschen wird im Französischen vor dem Nebensatz kein Komma gesetzt.

Sabine sagt**,** **dass** sie jeden Tag die Zeitung liest.

Im Deutschen steht das Verb des Nebensatzes am Satzende. Im Französischen hingegen bleibt die Wortstellung: **Subjekt – Verb – Objekt.**

Quand il **fait** beau, nous allons à la plage.

Wenn es schön **ist**, gehen wir an den Strand.

Die indirekte Rede

Mit der **indirekten Rede** *(le discours indirect)* gibst du Äußerungen von anderen Personen wieder. Auch hier handelt es sich um einen Nebensatz:
- Der Hauptsatz enthält die Redeeinleitung mit einem Verb des Sagens oder Meinens (z. B. *dire, trouver, penser, raconter*).
- Die indirekte Rede wird durch die Konjunktion ***que*** eingeleitet.
- Vor ***que*** steht kein Komma.

Achtung: Du musst in der indirekten Rede immer die Personalpronomen, die Verbformen und die Possessivbegleiter anpassen (↑ Kap. 2.1 und Kap. 2.2).

Sara dit qu'elle aime le jogging.
Luc dit qu'il déteste le sport.

Aussagesatz	*indirekte Rede*
Pierre dit: «**Ma** mère est là.»	Pierre dit **que sa** mère est là.
Il raconte aussi: «**Je pars** ce soir.»	Il raconte aussi **qu'il part** ce soir.

Im Gegensatz zum Deutschen und Englischen muss die Konjunktion ***que*** **immer** verwendet werden.

Claire dit **qu'**elle écrit une lettre.
Claire says __ she writes a letter.
Claire sagt, __ sie schreibe einen Brief.

ÜBUNG 10 **Finde drei Konjunktionen und ihre deutsche Bedeutung.**

ÜBUNG 11 **Füge die Konjunktionen *que, quand* oder *parce que* sinnvoll ein.**

Je ne travaille pas ______ je suis fatigué *(müde)*.

Il dit ______ il ne veut pas aller à l'école.

Nous ne pouvons pas manger de frites ______ maman ne fait pas la cuisine aujourd'hui.

______ il pleut, les amis ne peuvent pas aller à la piscine.

Elle répond ______ sa mère n'est pas à la maison.

ÜBUNG 12 **Finde zu jedem Hauptsatz (links) den passenden Nebensatz (rechts).**

Je fais une promenade – Nous disons – Victor ne comprend pas Valentin – Sarah répond

que l'école commence à 8 heures – parce qu'il parle allemand – quand il fait beau – qu'elle joue au foot

ÜBUNG 13 **Jean möchte gern Schauspieler werden. Seine Eltern sind dagegen. Er erzählt alles seinem Freund. Bilde Sätze nach diesem Bauplan:** ***Ma mère / Mon père + dire / trouver / penser + que ...*** **Schreibe in dein Übungsheft.**

ÜBUNG 14 **Die indirekte Rede: Unterstreiche zunächst in den Sätzen alle Wörter, die sich bei indirekter Rede verändern und wandle dann in die indirekte Rede um.**

Louis: «Nous visitons le Sacré-Cœur avec ma tante.»

Camille: «Je dors dans mon lit.»

Laura et Luc: «Les photos sont super!»

Pauline et Fanny: «Nous allons au cinéma avec nos amis.»

Antoine et Nicolas: «Nous préférons le thé.»

ÜBUNG 15 **Übersetze die folgenden Sätze in deinem Übungsheft.**

Martine erzählt, dass sie in Cannes wohnt.
Sarah und Laurence finden, dass Cannes eine tolle Stadt ist.
Pascal erzählt, dass er die Ferien mit seinen Eltern in St. Tropez verbringt, weil es da einen herrlichen *(magnifique)* Strand gibt.

Klassenarbeit 1

45 Minuten

AUFGABE 1 **Setze *il y a, c'est* und *ce sont* richtig ein.**

Dans la cuisine des Durand, ________ des garçons et des filles:
________ les copains de Marc.
Et la fille avec le livre, ________ Madeleine, la nouvelle voisine.
Devant la table, ________ deux filles: ________ Carole et Laurette.
________ aussi un Monsieur: ________ M. Durand.
Sur la table, ________ un cadeau pour Marc: ________ une mousse au chocolat.

AUFGABE 2 **Formuliere vollständige Sätze im Präsens. Achte auf die Wortstellung!**

maman – donner – une pomme – le fils

____

Pascal – raconter – une histoire – Caroline

____

Julie – téléphoner – sa copine

____

AUFGABE 3 **Bilde fünf sinnvolle Sätze und schreibe sie in dein Übungsheft. Verwende möglichst alle Wörter und achte auf die richtige Wortstellung.**

Subjekte	Verben	Objekte
Pascal	raconter	le fromage
le père de Frédéric	poser	une histoire
la souris de maman	demander	des questions
le touriste	manger	le foot
l'agent de police	jouer	l'heure
	donner	la petite souris
		son fils
		la mère de Luc
		le voleur

AUFGABE 4 **Alina, die deutsche Brieffreundin von Nathalie, macht noch viele Fehler. Verbessere ihren Text und schreibe die Sätze korrekt auf die Schreiblinien. Tipp: Es sind acht Fehler!**

ACHTUNG FEHLER

Chère Nathalie,

Merci pour ta lettre. Tu as un chat, et moi, j'ai un chien, il s'appelle Benno. C'est fou, mais c'est vrai. Ma mère donne notre chien Benno des tartes aux pommes. Ma mère dit c'est bon pour Benno et il ne mange pas les repas pour les chiens. C'est pourquoi, dans le frigo sont toujours trois ou quatre tartes aux pommes. Mon père trouve c'est bizarre. Mais il donne aussi à Benno des spaghettis. Mon frère et moi, nous disons toujours non, mais mon père n'écoute pas à ses enfants.
Ton chat aime aussi les tartes aux pommes?

À bientôt et amicalement,
Alina

AUFGABE 5 **Übersetze die folgenden Sätze in deinem Übungsheft.**

In der Schule gibt Jeanne ihrer Freundin die Adresse von Luc.
Am Wochenende rufen wir nicht die Legrands an.
Abends hilft Francine ihrem Vater im Laden.
Nach der Schule sprecht ihr immer mit euren Freunden im Hof.
Vor dem Louvre fragen Touristen einen Polizisten nach dem Weg.
Er stellt seinem Freund eine Frage.
Sie antworten Luc.
Sprecht ihr mit Nicole?
Meine Tante erzählt mir Geschichten.
Die Touristen warten auf den Fremdenführer *(le guide)*.

TESTEN

Klassenarbeit 2

45 Minuten

AUFGABE 6 **Setze die passenden Verben ein und füge, falls nötig, *à*, *au* oder *aux* ein. Achte auf die Verschmelzung von *à* mit dem bestimmten Artikel.**

attendre – demander – donner – parler – poser – raconter

La grand-mère ______ une histoire ______ les enfants.
Luc ______ les cahiers ______ son copain Fred.
À 7 heures 50, les élèves ______ le prof d'anglais.
Après l'école, les amis ______ le prof de latin.
La petite sœur de Nicolas ______ toujours des questions ______ les copines de Nathalie.
Je ne comprends pas les maths. C'est pourquoi je ______ souvent des explications ______ mon prof.

AUFGABE 7 **Bilde fünf sinnvolle Sätze im Präsens.**

pendant les vacances – chaque jour – aujourd'hui – ce soir – dans la salle à manger

Louis et Sophie – vous – tu – nous

montrer – téléphoner – il y a – manger – visiter

à tes parents – à leurs copains

un musée – des chaises et une table – des frites et un steak – des photos

______
______
______
______
______

TESTEN

AUFGABE 8 **Bilde Sätze im Präsens und setze, wenn nötig, die Präposition *à* ein. Achte auf die Verschmelzung von *à* mit dem bestimmten Artikel!**

elles – le chemin – demander – Pascal

nous – offrir – pour Noël – les amis – des cadeaux

le matin – Luc – dire – le professeur – bonjour

je – lire – mes copains – la lettre de Virginie

Isabelle – aujourd'hui – faire – une promenade – il fait beau – parce que

AUFGABE 9 **Wandle die folgenden Sätze in die indirekte Rede um. Markiere die Pronomen und die Verbformen, die du dabei anpassen musst. Schreibe in dein Übungsheft.**

Magali dit: «Ce soir, je vais chez mes amis.»
Pascal raconte: «Je fais les courses toujours au supermarché.»
Les parents de Christine expliquent: «Le samedi, nous mangeons chez les grand-parents.»
Pauline et Laurence disent: «Nous allons à la piscine parce qu'il fait beau.»

AUFGABE 10 **Übersetze die folgenden Sätze. Schreibe in dein Übungsheft.**

Marie hört dem Lehrer nicht zu.
Auf dem Markt gibt die Händlerin *(la marchande)* den Freunden von Claire Früchte.
Nathalie erklärt ihren Freunden, dass sie jeden Tag die Zeitung liest.
Pierre wartet vor der Schule auf Claude.
Heute helfen wir unserem Vater in der Werkstatt *(l'atelier)*.
Wenn es regnet, gehe ich nicht in den Garten.
Die Bücher liegen (sind) auf dem Tisch. Auf dem Tisch liegen auch die Ordner.

Verneinung

6.1 Verneinung mit *ne ... pas (de)*

Im Gegensatz zum Deutschen besteht die Verneinung im Französischen aus zwei Teilen: ***ne ... pas.*** Die Verneinung umklammert das konjugierte Verb. Vor Vokal und stummem *h* wird ***ne*** zu ***n'*** verkürzt, ebenso in der Wendung ***il y a*** (es gibt): ***il n'y a pas.***	Madeleine **ne** téléphone **pas** à Claire. – Madeleine ruft Claire **nicht** an. Je **n'**habite **pas** à Paris. Dans le carton, il **n'**y a **pas** Mimi, la souris.
Dies gilt auch in der Befehlsform (↑ Kap. 4.4).	**Ne** parle **pas** trop. **N'**entrez **pas.**
Achtung: In der gesprochenen Sprache fällt ***ne*** häufig weg.	Je **ne** regarde **pas.** *(geschrieben)* Je regarde pas. *(gesprochen)*
Stehen vor dem konjugierten Verb **Objektpronomen,** umklammert die Verneinung diese ebenfalls (↑ Kap. 2.4).	Le livre? Je **ne le** cherche **pas.** La jupe? Elle **ne l'**achète **pas.**
Die unbestimmten Artikel ***un, une*** und ***des*** werden in der Verneinung zu ***de*** oder ***d'.*** Im Deutschen wird mit „kein" bzw. „keine" übersetzt.	Pierre demande **une** salade, **un** citron et **des** tomates, mais le marchand **n'**a **pas de** salade et il **n'**a **pas de** citron. Pierre **ne** trouve **pas de** tomates.
Achtung: Wird das Verb ***être*** verneint, so bleibt der unbestimmte Artikel jedoch erhalten.	C'est **un** café? – Non, ce **n'est pas un** café. Ce sont **des** pommes? – Non, ce **ne sont pas des** pommes.
Weitere Verneinungen: Neben *ne ... pas* sind folgende Verneinungen am häufigsten; die bejahte Form ist jeweils gegenübergestellt: ***ne ... plus*** (nicht mehr) ↔ *encore* (noch) ***ne ... rien*** (nichts) ↔ *quelque chose* (etwas) ***ne ... pas encore*** (noch nicht) ↔ *déjà* (schon) ***ne ... jamais*** (nie) ↔ *toujours* (immer)	Je travaille encore. – Tu **ne** travailles **plus.** Il **n'**y a **plus** de tomates aujourd'hui. Vous entendez quelque chose? – Non, nous **n'**entendons **rien.** Luc fait déjà ses devoirs? – Non, il **ne** fait **pas encore** ses devoirs, il joue. Tu parles toujours! – Non, je **ne** parle **jamais.**
Wird einer verneinten Frage widersprochen, so wird mit *si* (doch) geantwortet.	Tu n'aimes pas le fromage? – **Si.**

ÜBUNG 1 **Finde die Verneinungswörter, indem du die Zahlencodes entschlüsselst.**

1. ne ... _ _ _ _
   9 3 2 7

2. ne ... _ _ _
   8 1 10

3. ne ... _ _ _ _ _ _
   4 1 6 1 3 10

4. ne ... _ _ _ _
   8 5 11 10

ÜBUNG 2 **Schau dir die Bilder an und beantworte die Fragen wie im Beispiel.**

Luc travaille? – Non, il ne travaille pas, il chante.

Nathalie rêve? –

Les élèves téléphonent? –

Sandra dort? –

Victor danse? –

ÜBUNG 3 **Höre dir Track 13 auf der CD an. Dort werden dir einige Fragen gestellt. Beantworte sie immer verneint. Ob du alles richtig gemacht hast, kannst du gleich danach anhand des Kontrollsatzes prüfen. Wiederhole ihn jeweils.**

13

ÜBUNG 4 **Antworte verneint und ersetze dabei das rot markierte Objekt durch ein Pronomen.**

Il entend la musique? – Non,

Elle vend le vélo? – Non,

Tes filles écrivent la lettre? – Non,

Vous mangez ces fruits? – Non,

Elles commencent le travail? – Non,

Robert parle l'anglais? – Non,

ÜBEN

ÜBUNG 5 **Nicole kauft auf dem Markt ein. Doch leider hat die Marktfrau nicht, was Nicole kaufen möchte. Antworte verneint und schreibe die Sätze in dein Übungsheft.**

Vous avez des tomates, Madame?

Vous avez un ananas?

Il y a des pommes?

Et une salade? Vous avez encore une salade?

ÜBUNG 6 ***Un collège de rêve* – eine Traumschule.**

Il y a des tests? – Non,

Les élèves ont des notes? – Non,

Les professeurs donnent des cours? – Non,

Il y a une salle des professeurs ? – Non,

ÜBUNG 7 **Beantworte die Fragen verneint. Achte auf die rot markierten Wörter!**

Sandra est encore là? – Non,

Pascal écrit toujours des lettres? Non,

Tu prends quelque chose? – Non,

Vous parlez déjà l'allemand? – Non,

WISSEN

Nach den Verben

- *aimer,*
- *préférer,*
- *détester,*
- *adorer*

steht immer der **bestimmte Artikel,** auch bei Verneinung (↑ S. 11).

Je n'**aime** pas **les** frites, je **préfère les** nouilles.
Nous ne **détestons pas le** thé.
Vous n'**adorez** pas **le** café?

ÜBUNG 8 **Victor mag vieles nicht. Setze die angegebenen Verben in der richtigen Form ein und achte auf den Artikel.**

Victor ____________ fromage. (ne pas aimer)

Il ____________ soupes. (ne pas adorer)

Il ____________ limonade. (ne plus aimer)

Il ____________ thé. (détester)

Il ____________ coq au vin. (ne pas aimer)

Mais qu'est-ce qu'il aime? Il ____________ escargots *(Schnecken)*. (adorer)

C'est pourquoi il ____________ toujours ____________ escargots. (vouloir)

Et toi? Tu ____________ escargots? (ne pas manger)

WISSEN +

Feste Redewendungen
Merke dir die festen Redewendungen mit dem Verb ***avoir,*** bei denen entweder kein Artikel oder der bestimmte Artikel steht. Sie werden **nie** mit *ne ... pas de* verneint!

Je n'ai pas le temps. (Ich habe keine Zeit.)
Je n'ai pas envie. (Ich habe keine Lust.)
Je n'ai pas faim / soif. (Ich habe keinen Hunger / Durst.)
Je n'ai pas peur. (Ich habe keine Angst.)

ÜBUNG 9 **Übersetze die folgenden Sätze und schreibe sie in dein Übungsheft.**

Heute habe ich keine Zeit.
Spielt ihr mit mir? – Nein, wir haben keine Lust.
Hast du Hunger? – Nein, ich habe keinen Hunger, ich habe Durst.
Schau, ein Geist *(le fantôme)*! – Ich habe keine Angst.
Das ist kein Haus, das ist ein Schloss *(le château)*.
Wir mögen keine Äpfel.
Arbeitet Luc noch? – Nein, er arbeitet nicht mehr.
Isst du etwas? – Nein, ich esse nichts.
Er schreit immer. – Nein, er schreit nie.
Hörst du die Musik nicht? – Doch, ich höre sie.
In der Küche gibt es keine Limonade mehr.

6.2 Verneinung bei zusammengesetzten Verbformen

Verneinung bei Verben mit Infinitivergänzung

Die Verneinung umklammert bei Verben mit **Infinitivergänzung** (z. B. *vouloir faire, pouvoir faire, savoir faire)* nur das **konjugierte Verb.**	Je **ne** veux **pas** dormir. Nous **ne** pouvons **plus** travailler. Tu **ne** sais **pas** parler l'allemand.
Objektpronomen stehen **vor dem Infinitiv** (↑ Kap. 2.4) und werden somit nicht von der Verneinung eingeklammert.	Claire? Je **ne** peux **pas l'**inviter. L'allemand? Il **ne** sait **pas le** parler.

Verneinung im *futur composé*

Die Verneinung umschließt auch im ***futur composé*** das konjugierte Verb, also die Präsensform von ***aller.***	Je **ne** vais **pas** chercher le livre. Nous **n'**allons **rien** chanter. Vous **n'**allez **pas** habiter à Berlin.
Objektpronomen stehen auch hier **vor dem Infinitiv** und außerhalb der Verneinungsklammer (↑ Kap. 4.2).	Tu vas donner les livres à Pascal? – Non, je **ne** vais **pas les** donner à Pascal. Le film? Elle **ne** va **jamais le** regarder.

Verneinung im *passé composé*

Die Verneinung umschließt auch im ***passé composé*** das konjugierte Verb, also die Präsensform von ***avoir*** (bzw. von *être*).	Je **n'**ai **pas** regardé la télé. Il **n'**a **plus** trouvé le livre. Nous **n'**avons **rien** acheté.
Merke: **Objektpronomen** stehen im *passé composé* **vor dem konjugierten Verb** und damit innerhalb der Verneinungsklammer (↑ Kap. 4.3).	Le taxi? Vous **ne l'**avez **pas** appelé? Voilà le livre. Tu **ne l'**as **pas** encore ouvert?

WISSEN

ÜBUNG 10 **Antworte verneint auf die folgenden Fragen. Schreibe in dein Übungsheft.**

On va jouer au foot?
Tu veux partir?
Vous pouvez aller en France?
Ils savent nager?
Vous allez partir en vacances?
Tu peux entendre le bruit ?

ÜBUNG 11 **Schreibe die Sätze verneint auf. Achte vor allem bei den rot markierten Wörtern auf die richtige Verneinung!**

Paul peut entendre quelque chose.

Elle veut déjà manger.

Tu vas toujours travailler.

Elles savent encore jouer au foot.

Nous voulons regarder la télé.

ÜBUNG 12 **Wie lautet die richtige Antwort? Kreuze an.**

Tu veux regarder quelque chose?
- ☐ Je ne veux pas regarder quelque chose.
- ☐ Je ne veux rien regarder.

Vous allez boire un café?
- ☐ Non, nous n'allons pas boire de café.
- ☐ Non, nous n'allons pas boire un café.

Elle va encore faire des fautes?
- ☐ Elle ne va pas faire de fautes.
- ☐ Elle ne va plus faire de fautes.

Il veut toujours travailler?
- ☐ Il ne veut plus travailler.
- ☐ Il ne veut jamais travailler.

ÜBUNG 13 **Verneine die folgenden Sätze und ersetze jeweils das rot markierte Objekt durch ein Objektpronomen.**

Nous voulons regarder les films.

Mme et M. Durand peuvent écouter le guide.

Tu vas faire la tarte.

Vous allez acheter la musique de Michel Sardou.

Je sais parler l'anglais.

ÜBUNG 14 **Marie will heute nichts tun. Bilde fünf verneinte Sätze im *futur composé*. Schreibe in dein Übungsheft.**

Beispiel: Je ne vais pas jouer au tennis.

ÜBUNG 15 **Auch Béatrice und ihre Freunde sind heute etwas faul gewesen. Verneine die folgenden Sätze.**

Elle a rangé sa chambre.

Maxime a fait son lit.

Pauline et Luc ont acheté le pain pour leurs parents.

Sébastien a lavé la voiture de son père.

ÜBUNG 16 **Setze die folgenden Sätze ins *passé composé* und verneine sie.**

Julia ferme la porte.

J'écris une lettre à ma tante.

Nous préparons déjà le contrôle de maths.

Tu fêtes ton anniversaire.

Il cherche toujours ses cahiers.

ÜBUNG 17 **Richtig oder falsch? Streiche die falschen Sätze durch und schreibe sie richtig in dein Übungsheft.**

ACHTUNG FEHLER

Mes amis n'ont pas écrit la lettre pour Émilie.
Les professeurs ne vont corriger pas les tests.
Tu peux pas travailler?
Vous ne voulez pas acheter quelque chose?
Elle n'a travaillé jamais.

ÜBUNG 18 **Übersetze. Achte auf die Zeiten und die Stellung der Verneinungswörter!**

Wir haben nichts gegessen.

Papa wird das Haus nie verkaufen.

Daniel und Sarah wollen nicht mehr in die Schule gehen.

Könnt ihr die Orangen nehmen? – Nein, wir können sie nicht nehmen.

Sie haben noch keinen Kaffee getrunken.

Sein Bruder hat heute nicht geschlafen.

Ihr werdet morgen nicht ins Kino gehen, sondern *(mais)* ihr werdet arbeiten.

Klassenarbeit 1

45 Minuten

AUFGABE 1 **Antworte verneint auf die folgenden Fragen. Verwende dabei die entsprechenden Personalpronomen.**

Luc et Christine parlent? – Non,

Sarah écoute? – Non,

M. Dubois téléphone? – Non,

Tu rêves? – Non, je

Vous habitez à Lyon? – Non, nous

Juliette est là? – Non,

Tu as mal à la tête? – Non,

Vous attendez Lucas? – Non,

Il parle l'anglais? – Non,

Ils écoutent la musique? – Non,

AUFGABE 2 **Formuliere die folgenden Sätze in der angegebenen Verneinung. Schreibe in dein Übungsheft.**

1. nie: Julie danse.
2. nichts: Tu attends.
3. nicht mehr: Vous dormez.
4. nicht: Nous ouvrons la porte.
5. nie: Tu vas au restaurant.
6. nichts: Nous achetons quelque chose.

AUFGABE 3 **Camille und ihre Freunde haben gute Vorsätze. Bilde verneinte Sätze und schreibe sie dein Übungsheft.**

elle – ne … pas – vouloir – parler pendant les cours

Magali et Manon – ne… pas – vouloir – manger trop *(zu viel)*

Lucas – ne … jamais – vouloir – regarder des films d'horreur

nous – ne … plus – vouloir – regarder la télé toute la journée

vous – ne … rien – vouloir – perdre

on – ne … plus – vouloir – jouer à l'ordinateur tout le temps

AUFGABE 4 **Beantworte die Fragen mithilfe der Bilder. Schreibe in dein Übungsheft.**

Vous avez un chat? 

Tu n'aimes pas les gâteaux? 

 Ce sont des Anglais?

 Vous aimez le thé?

Il dort déjà? 

AUFGABE 5 **Bilde fünf verneinte Sätze.**

nos amis	prend	les livres	ne … pas
nous	attendent	la porte	ne … jamais
tu	regardons	en vacances	ne … rien
vous	ouvres	Pascal	ne … plus
elle	partez		

AUFGABE 6 **Übersetze die folgenden Sätze und schreibe sie in dein Übungsheft.**

Sarah isst keinen Käse.
Wir trinken keinen Kaffee.
Du magst keine Äpfel.
Ist das ein Hotel ? – Nein, das ist kein Hotel, sondern ein Rathaus *(la mairie)*.
Er wird sein Zimmer nicht aufräumen.
Willst du die Fotos anschauen? – Nein, ich will sie nicht anschauen.
Heute habe ich mein Auto nicht repariert.
Wir haben keine Angst mehr.
Sie haben nichts besichtigt.
Die Schüler sprechen nie Deutsch.

Klassenarbeit 2

45 Minuten

AUFGABE 7 **Antworte verneint auf die folgenden Fragen.**

Elle habite à Lyon? – Non, elle

Tu vas lire ce livre? – Non,

Maman a préparé le repas? –

Tu sais parler le chinois? –

Vous avez invité Madame Leclerc pour l'apéritif? –

AUFGABE 8 **Beantworte die Fragen verneint. Achte auf die rot markierten Wörter.**

Fabien travaille encore?

Vous écoutez toujours le rap?

Tu as acheté quelque chose pour la fête?

Tes amis ont déjà vendu la maison?

AUFGABE 9 **Verneine die folgenden Sätze und ersetze dabei die rot markierten Wörter durch Objektpronomen. Im Wortspeicher findest du hierzu sieben Objektpronomen, zwei davon bleiben übrig. Schreibe in dein Übungsheft.**

l' | l' | la | la | le | le | les

1. Vous avez déjà fait le gâteau.
2. Elle regarde toujours la télé.
3. Tu peux encore attendre tes parents.
4. Il va prendre le petit déjeuner à l'hôtel.
5. J'ai rencontré Paul à la gare.

TESTEN

AUFGABE 10 **Verneine die Sätze und setze die Verbformen in die angegebene Zeit. Beachte besonders die rot markierten Wörter.**

Les professeurs corrigent les contrôles. *(passé composé)*

Céline travaille le dimanche. *(futur composé)*

Hélène écrit toujours des lettres à son oncle. *(futur composé)*

Nous attendons encore devant la maison. *(passé composé)*

Elle aime le cadeau de son père? *(passé composé)*

AUFGABE 11 ***Au marché.*** **Setze in den folgenden Dialog *de, des, d'* oder *les* ein.**

M. Durand: «Bonjour, Madame. Est-ce que vous avez ______ oranges?»

La marchande: «Bonjour, Monsieur. ______ oranges? Non, aujourd'hui, je n'ai plus ______ oranges, mais j'ai ______ abricots et ______ kiwis .»

M. Durand: «J'adore ______ abricots, mais je n'aime pas ______ kiwis. Alors, je prends ______ abricots. Et ça, ce sont ______ aubergines?»

La marchande: «Ah non, ce ne sont pas ______ aubergines, ce sont ______ avocats.»

M. Durand: «Je ne prends pas ______ avocats. Vous avez ______ citrons?»

La marchande: «Non, Je n'ai plus ______ citrons.»

M. Durand: «J'ai tout. Merci.»

AUFGABE 12 **Übersetze die folgenden Sätze und schreibe sie in dein Übungsheft.**

Er mag Käse überhaupt nicht.
Wir werden niemals nach Berlin gehen.
Sie haben den Film „Bienvenue chez les Ch'tis“ noch nicht gesehen.
In der Küche gibt es kein Brot mehr.
Ihr könnt noch nicht nach Hause zurückkehren.

7 Fragen

7.1 Entscheidungsfragen

Im Französischen unterscheidet man wie in anderen Sprachen zwischen der Entscheidungsfrage und der Ergänzungsfrage:

- **Entscheidungsfragen** werden mit **Ja** oder **Nein** beantwortet. Sie enthalten kein Fragewort.

  C'est Luc? – Oui, c'est Luc.
  Ist das Luc? – Ja, das ist Luc.

- **Ergänzungsfragen** kann man nicht mit Ja oder Nein beantworten. Sie enthalten **immer ein Fragewort.** Im Deutschen nennt man sie auch **Wortfragen** oder **W-Fragen** (wer?, was?, wann?, wo?).

  Qui est-ce? – C'est Mme Leclerc.
  Wer ist das? – Das ist Frau Leclerc.

Die Intonationsfrage

Du kannst aus einem **Aussagesatz** einen **Fragesatz** machen, indem du die Stimme am Satzende anhebst. Man nennt dies **steigende Intonation** (Satzmelodie). Beim Schreiben setzt du am Satzende ein Fragezeichen.

Aussagesatz:	*Fragesatz:*
Tu travailles.	Tu travailles**?**
Ça va.	Ça va**?**

Die Frage mit *est-ce que*

Neben der Intonationsfrage kannst du auch eine Entscheidungsfrage bilden, indem du vor den Aussagesatz die **Frageformel** ***est-ce que*** setzt.

Merke: Vor einem Vokal und stummen *h* wird *que* zu *qu'*.

Die Reihenfolge der Wörter ist die gleiche wie im **Aussagesatz.** Am Satzende steht ein Fragezeichen.
Die **Satzmelodie** steigt wie bei der Intonationsfrage zum Satzende hin an.

Est-ce que Claire fait ses devoirs?
Est-ce qu'elle travaille à la maison?
Est-ce que tu cherches ton cahier?
Est-ce qu'ils trouvent les livres?
Est-ce que vous préparez un texte sur Paris?

ÜBUNG 1 **Entscheidungsfrage oder Ergänzungsfrage? Kreuze an. Markiere ggf. das Fragewort.**

	Entscheidungsfrage	Ergänzungsfrage
1. Tu travailles aujourd'hui?	☐	☐
2. Qui est-ce?	☐	☐
3. Où est Pascal?	☐	☐
4. Tu t'appelles comment?	☐	☐
5. Vous aimez les baguettes?	☐	☐

ÜBUNG 2 **Höre dir Track 14 auf der CD an und entscheide: Handelt es sich um Aussagesätze oder um Intonationsfragen? Setze einen Punkt oder ein Fragezeichen. Wandle die Sätze anschließend in Entscheidungsfragen mit *est-ce que* um.**

14

Sophie habite à Lyon ___ ________________

Vous écoutez la radio ___ ________________

Pascal a un ordinateur ___ ________________

Maman range le salon ___ ________________

Il regarde la télé ___ ________________

Josephine a 12 ans ___ ________________

ÜBUNG 3 **Schau dir die Bilder an. Formuliere jeweils eine Entscheidungsfrage und beantworte sie.**

Est-ce qu'il mange? – Oui, il mange.

____

____

____

____

7.2 Ergänzungsfragen

Bildest du eine Ergänzungsfrage, kann das Fragewort am Satzanfang oder am Satzende stehen:

- Steht das **Fragewort am Satzanfang,** so ist die Satzmelodie **fallend** (fallende Intonation).

Qui est-ce? – C'est Luc.
Que fait Luc? – Il joue.

- Steht das **Fragewort am Satzende,** so ist die Satzmelodie **steigend** (steigende Intonation).

Il habite **où?** – Il habite à Paris.
Tu es **d'où?** – Je suis de Lyon.

Die Frage mit *est-ce que*

Du kannst auch Ergänzungsfragen mit *est-ce que* bilden. Das **Fragewort** steht dann **am Satzanfang,** gefolgt von *est-ce que* (bzw. *est-ce qu'* vor Vokal oder stummem *h*), sodass sich folgende Reihenfolge ergibt: Fragewort + *est-ce que* + Aussagesatz?

Qu'est-ce que tu fais?
Pourquoi est-ce que tu pars?

Die Intonation ist **fallend.**

Merke dir folgende Fragewörter:

quand? – wann?	Quand est-ce que Magali va à la maison?
à quelle heure? – um wie viel Uhr?	À quelle heure est-ce que tu pars?
où? – wo?	Où est-ce que tu habites?
avec qui? – mit wem?	Avec qui est-ce que vous sortez?
comment? – wie?	Comment est-ce que tu t'appelles?
que? – was?	Qu'est-ce qu'il donne à sa mère?
pourquoi? – warum?	Pourquoi est-ce qu'elle regarde le salon?

Beachte: Nach ***est-ce que*** gilt die **gleiche Satzstellung** wie im **Aussagesatz.** Im Deutschen hingegen ändert sich die Satzstellung.

Nicole rentre à Paris.
Quand est-ce que **Nicole** rentre à Paris?
Nicole kehrt nach Paris zurück.
Wann kehrt **Nicole** nach Paris zurück?

- Mit ***qui est-ce?*** fragst du nach **Personen.**

Qui est-ce? – C'est mon prof.
Qui est-ce? – Ce sont mes amis.

- Mit ***qu'est-ce que c'est?*** fragst du nach **Dingen.**

Qu'est-ce que c'est? – C'est un chien.
Qu'est-ce que c'est? – Ce sont des livres.

Die Frage ohne *est-ce que*

Du kannst nicht immer die Formel ***est-ce que*** verwenden. Die Frage mit dem **Fragewort *qui*** (wer?) wird in der Regel ohne ***est-ce que*** gebildet.	**Qui** habite à Paris? **Qui** est dans la cuisine?
Achtung: Bei **Präposition + *qui*** verwendest du ***est-ce que.***	**Avec qui est-ce que** tu as rendez-vous? (Mit wem hast du eine Verabredung?) **À qui est-ce qu'**elle donne le livre? (Wem gibt sie das Buch?)
Bei **kurzen** Ergänzungsfragen mit einem **Substantiv als Subjekt** kannst du Fragen wie im Deutschen bilden:	
Que fait / font ...? – Was macht / machen ...?	Que fait Luc? Que font Sabine et Pierre?
Où est / sont ...? – Wo ist / sind ...?	Où est Christine? Où sont tes parents?
Combien coûte / coûtent ...? – Wie viel kostet / kosten ...?	Combien coûte la limonade? Combien coûtent les livres?
Merke: Im Gegensatz zur geschriebenen Sprache hört man in der **gesprochenen Sprache** sehr oft auch Ergänzungsfragen, bei denen das **Fragewort am Satzende** steht. Hier musst du bei der Intonation darauf achten, dass die Satzmelodie am Ende nach oben geht.	Tu t'appelles **comment?** (Wie heißt du?) Tu es **d'où?** (Woher bist du?) Tu habites **où?** (Wo wohnst du?)

ÜBUNG 4 **Finde sieben Fragewörter (senkrecht und waagrecht). Schreibe sie mit ihrer deutschen Übersetzung auf.**

b	r	q	u	a	n	d	s	o	u
g	r	c	d	e	d	m	q	r	p
l	q	o	r	c	w	t	p	d	h
c	o	m	m	o	n	t	o	f	i
k	a	m	a	m	e	q	u	i	n
h	l	e	r	b	o	s	r	b	b
f	p	n	u	i	ù	q	q	u	e
g	h	t	r	e	q	w	u	f	v
l	f	s	q	n	f	g	o	i	c
p	o	z	t	w	a	d	i	s	x

ÜBUNG 5 **Setze jeweils das passende Fragewort ein.**

___ est-ce que tu travailles? – Je travaille à 5 heures.

___ est-ce? – C'est Madeleine.

___ est-ce que tu trouves la maison? – Je trouve la maison super.

___ font tes parents? – Ils regardent la télé.

___ est-ce que vous demandez ça? – Parce que Frédéric est là.

___ est-ce qu'ils regardent le film? – Ils regardent le film à la maison.

WISSEN

***Ou* oder *où*?**
Ou ohne *accent* heißt „oder".
Où mit *accent* heißt „wo".

Merke: Auf dem „**wo**" sitzt ein Floh.

Tu travailles **ou** tu dors?
Où est Pascal?

ÜBUNG 6 ***Ou* oder *où*? Höre dir Track 15 auf der CD an. (Du hörst jeden Satz zweimal.) Schreibe die Sätze richtig in dein Übungsheft.**

15

ÜBUNG 7 ***Quel désordre!*** **Was für eine Unordnung! Ordne den Fragen die passenden Antworten zu.**

1. Qui est Paul?

Je déteste le fromage.

Parce qu'elle est à Bruxelles.

2. À qui est-ce que tu donnes le cadeau?

3. Pourquoi est-ce que Sarah n'est pas à la maison?

Elle commence à 8 heures.

C'est le copain de Luc.

4. Quand est-ce que l'école commence?

Je donne le cadeau à Stéphanie.

5. Qu'est-ce que tu n'aimes pas?

ÜBUNG 8 **Formuliere die passenden Fragen zu folgenden Antworten.**

– C'est Jean-Claude.

– J'habite à Stuttgart.

– Je m'appelle Christophe.

– Nous sommes de Berlin.

– Nicole travaille.

– C'est un cadeau pour Luc

– Je prends une baguette parce que j'ai faim.

– Laurette et Frédéric chantent.

– Nadine travaille avec Nathalie.

– Nous rentrons à 1 heure.

ÜBUNG 9 **Wer oder was ist auf den Bildern?**

Qui est-ce? – C'est un monsieur.

WISSEN

Willst du wissen, was sich an einem Ort befindet, so nimmst du: ***qu'est-ce qu'il y a?***

Qu'est-ce qu'il y a dans la cuisine?
Qu'est-ce qu'il y a sur la table?

ÜBUNG 10 **Frage nach den rot hervorgehobenen Satzteilen. Achtung: Manchmal musst du dabei Pronomen und Verb anpassen!**

Nathalie est à l'école.

Il donne un livre à son frère.

Vous parlez à Martine.

Tu commences à midi.

Elles font le travail sans fautes *(Fehler)*.

Madeleine achète une baguette à la boulangerie.

Annie regarde la télé.

C'est un cahier.

C'est M. Dubois.

Dans le sac à dos, il y a un portable *(Handy)*.

Derrière l'arbre, il y a des chats.

Klassenarbeit 1

45 Minuten

AUFGABE 1 **Ergänze *qui* oder *que / qu'*.**

_______ fait Nicolas?

_______ cherche les billets?

_______ est-ce qu'il y a dans le salon?

_______ est dans la chambre?

_______ est-ce que c'est?

_______ font Nathalie et Nicole?

AUFGABE 2 **Bilde Entscheidungsfragen mit *est-ce que*.**

Paul et Alice – arriver – à Paris

____

Véronique – préparer – le repas *(das Essen)*

____

Nous – arriver – à Strasbourg

____

Elle – faire – ses devoirs

____

Tu – aller – à l'école

____

AUFGABE 3 **Marie und Jeanne telefonieren miteinander. Leider gibt es andauernd Störungen und Jeanne muss immer wieder nachfragen.**

Sarah habite ~~~▸. – _______

Patrick et ses parents ~~~▸ . – _______

Mes amis racontent ~~~▸ . – _______

~~~▸ cherche un travail. – _______

Luc va à Rome avec ~~~▸ . – _______

TESTEN
~~~

AUFGABE 4 **Frage nach den rot hervorgehobenen Satzteilen.**

Florent est au lit parce qu'il a la grippe.

C'est une tomate.

Samedi, Pascal joue au foot.

Mme Leclerc travaille à l'hôpital.

M. Legrand va au musée.

C'est la mère de Robert.

Dans la maison, il y a trois salles de bains.

À huit heures, je vais au lit.

AUFGABE 5 **Welche Antwort passt zur Frage? Kreuze an.**

1. Quand est-ce qu'ils font du sport?
   - ☐ Ils font du sport au collège.
   - ☐ Ils font du sport le matin.
2. Qui est-ce?
   - ☐ C'est une table.
   - ☐ C'est mon ami Nicolas.
3. Que fait Frédéric?
   - ☐ Il est à l'hôtel.
   - ☐ Il travaille.

AUFGABE 6 **Übersetze die folgenden Sätze und schreibe sie in dein Übungsheft.**

1. Was ist in der Küche?
2. Wo sind die Bücher?
3. Wann spielst du Fußball?
4. Was machen Madeleine und Nadine?

Klassenarbeit 2

60 Minuten

AUFGABE 7 **Setze das passende Fragewort ein. Hinweis: Zwei Fragewörter bleiben übrig.**

quand – où – qu' – que – à qui – pourquoi – comment

_____ est-ce que vous faites aujourd'hui?
_____ est-ce que tu vas?
_____ est-ce que Madame Petit parle?
_____ est-ce que l'école commence?
_____ est-ce que vous partez déjà?

AUFGABE 8 **Bilde fünf sinnvolle Fragen mit *est-ce que*.**

où
quand
pourquoi
que
comment

est-ce que

tu attends tes amis
vous trouvez Lucie
elles ne chantent pas
il veut acheter
il joue du piano

_____
_____
_____
_____
_____

AUFGABE 9 **Formuliere Fragen zu den folgenden Antworten.**

1. _____ ? – C'est mon ami.
2. _____ ? – Mes parents écoutent des CD.
3. _____ ? – Nous prenons le petit déjeuner à 8 heures.

4. ______ ? –
Je ne rends pas visite à Christine parce que je dois faire mes devoirs.

5. ______ ? –
Sur la table, il y a des verres et des assiettes.

6. ______ ? –
J'achète les baguettes à la boulangerie de Marc.

7. ______ ? – C'est le gâteau d'anniversaire pour Frédéric.

8. ______ ? –
Nous trouvons le film extra.

AUFGABE 10 **Frage nach den rot markierten Satzteilen. Schreibe in dein Übungsheft.**

1. Les enfants rentrent à 8 heures du soir.
2. Je vais au concert de Khaled.
3. Maman a fait ce repas super.
4. Nous sommes de Stuttgart.
5. Je vais partir parce qu'il est déjà minuit.
6. Patrick a eu rendez-vous avec le dentiste à trois heures et demie.
7. Je m'appelle Lucille.
8. C'est mon agenda.
9. Dans l'appartement, il y a trois chambres et deux salles de bains.
10. Pierre a montré les photos à Madeleine.

AUFGABE 11 **In der Wohnung nebenan ist ein neuer Mieter eingezogen. Stelle deinem Nachbarn Fragen und schreibe diese auf Französisch in dein Übungsheft. Verwende dabei *est-ce que* und die höfliche Anrede.**

Du willst von ihm wissen, ...

woher er kommt.
ob er dieses Viertel kennt.
ob er eine Frau und Kinder hat.
wo er arbeitet.
ob er einen Hund oder eine Katze hat.
ob er ein Instrument spielt.
wie viele Zimmer es in seiner Wohnung gibt.
ob er Blumen mag.
wann er in Urlaub fährt.
ob er zu Fuß zur Arbeit geht.
ob er ein Auto hat.
warum er diese Wohnung genommen hat.

8 Zahlen, Zeit- und Ortsangaben

8.1 Zahlen bis 100

Die Zahlen bis 10

0	zéro	[zeʀo]	
1	un / une	[ɛ̃ / yn]	Elle tourne le film **une** fois.
2	deux	[dø]	Nous sommes **deux** amis.
3	trois	[tʀwa]	Madeleine achète **trois** baguettes.
4	quatre	[katʀ]	Il a **quatre** jeans.
5	cinq	[sɛ̃k]	Il faut **cinq** pommes pour la tarte.
6	six	[sis]	Maman fait **six** tartes pour l'anniversaire.
7	sept	[sɛt]	Elle a **sept** CD.
8	huit	[ɥit]	Il y a **huit** assiettes sur la table.
9	neuf	[nœf]	Nous avons **neuf** cahiers.
10	dix	[dis]	Il est **dix** heures.

Achtung: Vor einem femininen Substantiv wird ***un*** zu ***une***.

un citron – **une** tomate

Wenn den Zahlen ***cinq, six, huit*** und ***dix*** ein Substantiv mit Konsonant folgt, dann wird ihr Endkonsonant nicht gesprochen.

cinq‿arbres [sɛ̃kaʀbʀ] – cinq filles [sɛ̃fij]

six‿hôtels [sizɔtɛl] – six maisons [simɛzɔ̃]

huit‿anoraks [ɥitanɔʀak] –

huit robes [ɥiʀɔb]

Die Zahlen bis 19

11	onze	[ɔ̃z]	Vous avez **onze** tantes et **douze** oncles? –
12	douze	[duz]	Non, j'ai **treize** tantes et **quatorze** oncles.
13	treize	[tʀɛz]	
14	quatorze	[katɔʀz]	
15	quinze	[kɛ̃z]	Il y a **quinze, seize** ou **dix-sept** chambres
16	seize	[sɛz]	dans ton hôtel? – Non, il y a **dix-huit**
17	dix-sept	[disɛt]	chambres dans mon hôtel.
18	dix-huit	[dizɥit]	
19	dix-neuf	[diznœf]	Marie invite **dix-neuf** amis.

Merke: Ab der Zahl **17** verbindet man Zehner und Einer mit einem Bindestrich. Beachte jedoch, dass im Deutschen und Englischen zuerst der Einer und dann der Zehner folgt.

dix-sept – *aber: siebzehn / seventeen*
dix-huit – *aber: achtzehn / eighteen*
dix-neuf – *aber: neunzehn / nineteen*

Die Zahlen von 20 bis 69

20	vingt	[vɛ̃]	21 vingt et un / une
30	trente	[tʀɑ̃t]	32 trente-deux
40	quarante	[kaʀɑ̃t]	43 quarante-trois
50	cinquante	[sɛ̃kɑ̃t]	54 cinquante-quatre
60	soixante	[swasɑ̃t]	65 soixante-cinq

An die Zehnerzahlen werden die Einerzahlen mit einem Bindestrich angeschlossen.

vingt-neuf

Achtung: Bei Zahlen mit der Einerzahl Eins am Ende steht ***et*** statt des Bindestrichs.

quarante **et un / une**

Vor einem weiblichen Substantiv steht ***une*** statt *un*.

Dans la cuisine, il y a vingt **et un** croissants et vingt **et une** baguettes.

Vingt wird gebunden ausgesprochen, wenn ein Substantiv **mit Vokal oder stummem *h*** folgt.

vingt hôtels – **vingt** arbres

Die Zahlen von 70 bis 100

70	soixante-dix (60 und 10)
71	soixante et onze (60 und 11)
80	quatre-vingts (4 x 20)
81	quatre-vingt-un (4 x 20 + 1)
90	quatre-vingt-dix (4 x 20 + 10)
91	quatre-vingt-onze (4 x 20 + 11)
100	cent

Ma voisine a quatre-vingt-un ans.

Achtung: Bei *quatre-vingt-un* und *quatre-vingt-onze* steht **kein *et!***
Quatre-vingts verliert sein *-s*, wenn eine weitere Ziffer folgt.

quatre-vingt**s** – quatre-vingt-trois

ÜBUNG 1 Finde zehn Zahlen im Buchstabengitter und schreibe sie heraus. Vergiss die Bindestriche nicht!

u	d	i	x	s	e	p	t	l	m
l	o	f	d	e	d	q	o	a	r
h	u	i	t	i	i	u	n	d	q
z	z	m	r	z	x	a	z	v	u
f	e	n	o	e	n	t	e	x	i
l	o	g	i	f	e	o	i	y	n
b	p	h	s	t	u	r	z	w	z
g	e	j	n	e	f	z	t	b	e
v	i	n	g	t	f	e	r	r	b
d	a	l	v	w	m	m	c	e	u

ÜBUNG 2 Verbinde die Zahl mit dem richtigen Schriftbild.

2	cent	0	quatre-vingt-onze
8	treize	3	vingt et un
13	soixante-sept	16	trois
22	quarante-neuf	21	zéro
36	vingt-deux	31	quatre-vingt-deux
49	deux	50	quatre-vingt-quinze
53	trente-six	80	seize
67	cinquante-trois	82	quatre-vingts
72	huit	91	trente et un
100	soixante-douze	95	cinquante

ÜBUNG 3 Höre dir Track 16 auf der CD an und schreibe die Zahlen in Worten auf.

16

ÜBEN

ÜBUNG 4 **Nun sind es größere Zahlen, schreibe sie aus.**

69

71

79

81

89

98

75

77

ÜBUNG 5 ***Au magasin:* Formuliere zu den Bildern vollständige Sätze mit ausgeschriebenen Preisen.**

La jupe coûte trente-deux euros cinquante.

ÜBUNG 6 **Was für ein Buchstabensalat! Welche Zahlen verbergen sich hier?**

taerqustvnig

nutevitgn

oietnaxs

tepsrteuqaxdingvit

ÜBUNG 7 **Schreibe das Ergebnis erst als Zahl und dann ausgeschrieben auf.**

cinquante-quatre + trente-trois – soixante =

quinze – quatorze – un =

vingt-neuf – seize + cinquante-cinq =

ÜBUNG 8 **Luc geht mit seinen Freunden ins Café. Höre dir Track 17 auf der CD zweimal an. Was muss Luc am Ende bezahlen? Rechne in deinem Übungsheft und schreibe die einzelnen Posten sowie den Rechnungsbetrag auf Französisch auf.**

17

café à 2,55 €   croissant à 1,15 €   coca à 2,60 €

ÜBUNG 9 **Kannst du gut rechnen? In der ersten Tabelle musst du die Zahlen zusammenzählen, in der zweiten ziehst du sie ab. Als Hilfestellung kannst du die Zahlen in dein Übungsheft schreiben, bevor du das Ergebnis hier einträgst.**

plus +	treize	trente-cinq	soixante-dix
huit	vingt et un		
dix-sept			
vingt-cinq			

moins –	onze	vingt-deux	quarante-cinq
quarante-neuf	trente-huit		
soixante-dix-huit			
quatre-vingt-dix-neuf			

ÜBEN

8.2 Mengenangaben

Man kann eine Menge durch ein **Substantiv** oder durch ein **Adverb** angeben. Im Französischen steht zwischen der Mengenangabe und dem Substantiv die **Präposition *de*.** Folgt ein Substantiv mit **Vokal** oder **stummem *h***, so wird ***de*** zu ***d'*** verkürzt.	*Substantiv:* J'achète **une bouteille de** limonade. Elle boit **un litre d'**eau. *Adverb:* J'ai **beaucoup de** tomates. Nous avons **assez d'**argent.

Die häufigsten Mengenangaben sind:

assez de	genug	Nous avons **assez de** pommes.
beaucoup de	viel	Tu achètes **beaucoup de** pulls.
une boîte de	eine Dose	Il faut **une boîte de** tomates.
(un) peu de	(ein) wenig	Je prends **un peu de** limonade.
plus de	mehr	Vous avez **plus de** pulls.
moins de	weniger	Et moi, j'ai **moins de** pulls.
trop de	zu viel(e)	Elle fait **trop de** gâteaux pour la fête.
un verre de	ein Glas	Je voudrais **un verre de** coca.
une bouteille de	eine Flasche	Voilà **une bouteille de** vin.
un kilo de	ein Kilo	Dans la cuisine, il y a **un kilo de** sucre,
un litre de	ein Liter	**un litre de** lait et **deux kilos de** citrons.
une tablette de	eine Tafel (Schokolade)	Je mange **une tablette de** chocolat.

Achtung: Auch die Verneinungen ***ne ... pas / plus de*** gelten als Mengenangabe: Wenn ich etwas nicht habe, bezeichne ich die **Menge Null.** Den Begriff „Nullmenge“ kennst du sicher aus der Mathematik (↑ Kap. 6.1).	Je **n'**ai **pas de** chocolat. (keine Schokolade) Nous **n'**avons **pas d'**eau. (kein Wasser) Il **n'**a **plus de** pommes. (keine Äpfel mehr)

ÜBUNG 10 **Nadine kauft ein. Verbinde die Substantive rechts mit den passenden Mengenangaben links und schreibe sie in dein Übungsheft.**

3 bouteilles – 2 kilos –
2 tablettes – peu – 1 litre –
12 – beaucoup de – 3 kilos

limonade – eau – baguettes –
fromage – bananes –
chocolat – oranges – tomates –
citrons – gâteaux

ÜBUNG 11 **Setze in die folgenden Sätze die vorgegebenen Mengenangaben ein.**

Luc achète ______ carottes. (wenige)
Sandrine a ______ limonade. (eine Flasche)
Tu as ______ fromage ? (ein wenig)
Nous avons ______ café. (genug)
Vous avez ______ livres. (mehr)
Ils ont ______ BD. (weniger)

ÜBUNG 12 **Schreibe in dein Übungsheft, was Mme Durand heute einkauft.**

ÜBUNG 13 **Was ist richtig? Kreuze an.**

Mira prend deux verres	☐ la limonade.	☐ de limonade.
Pierre achète peu	☐ de baguettes.	☐ des baguettes.
Elles prennent douze	☐ de gâteaux.	☐ gâteaux.
Tu veux une tasse	☐ du thé?	☐ de thé?
Sur la table, il y a une bouteille	☐ d'eau.	☐ de eau.
Dans la cuisine, il n'y a pas	☐ des croissants.	☐ de croissants.

ÜBUNG 14 ***La salade niçoise:* Übersetze das Rezept der südfranzösischen Spezialität. Nimm dazu dein Übungsheft. Beginne mit: *Pour faire une salade niçoise, il faut …***

Nizza-Salat

- viel grünen Salat
- ein wenig Salz *(le sel)*
- 200 Gramm Oliven *(une olive)*
- eine Dose Thunfisch *(le thon)*
- ein Kilo Tomaten
- ein wenig Essig *(le vinaigre)*
- ein wenig Olivenöl *(l'huile d'olive (f))*
- 2 Zwiebeln *(un oignon)*

Guten Appetit!

ÜBUNG 15 **Setze *de* oder *des* richtig ein. Zwei Lücken bleiben leer.**

Tu as _____ cahiers? – Non, je n'ai pas _____ cahiers mais j'ai _____ classeurs *(Ordner)*.

Aujourd'hui, maman fait trois _____ gâteaux et _____ tartes pour mon anniversaire.

Dans la maison des Durand, il y a beaucoup _____ chambres, peu _____ salons et assez _____ salles de bains.

Les amis ont beaucoup _____ cadeaux pour Claire: Mathilde a déjà cinq _____ cadeaux pour son amie.

Nous n'avons plus _____ crayons. C'est pourquoi on achète assez _____ crayons et _____ stylos. Mais on prend aussi _____ blocs à dessin *(Zeichenblöcke)*.

ÜBUNG 16 **Übersetze die folgenden Sätze und schreibe sie in dein Übungsheft.**

Kaufen wir heute Äpfel ein? – Nein, wir haben genug Äpfel, aber wir haben wenig Bananen.
Ich esse ein wenig Schokolade. Du isst immer zwei Tafeln Schokolade.
Er isst keine Orangen, sondern er isst Tomaten.
Madeleine treibt viel Sport.
Auf dem Tisch stehen drei Liter Wasser, fünf Kuchen, zehn Flaschen Limonade und Baguettes, aber es sind keine Hörnchen da.

8.3 Uhrzeit

Fragt man nach der Uhrzeit, so hat man im Französischen mehrere Möglichkeiten. Das Wort für „Uhrzeit“ ist ***l'heure** (f)*.

Il est **quelle heure?**
Quelle heure est-il?
Vous avez **l'heure?** – Tu as **l'heure?**

Die volle Stunde wird wie folgt angegeben:
***Il est* + Zahlwort + *heure(s)*.**

Achtung: Da ***heure*** ein weibliches Substantiv ist, heißt es ***une heure***.
Ab ***deux heures*** (2 Uhr) bekommt ***heure*** immer ein **Plural-*s***.

Il est une heure. 

 Il est deux heures.

Il est six heures. 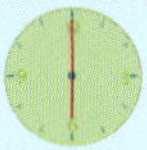

 Il est onze heures.

Anders als im Deutschen zählt man im Französischen die halbe Stunde zur vorangehenden vollen Stunde dazu:
... et demie halb

Achtung: Bei ***et demie*** wird ein ***-e*** angehängt, da ***heure*** weiblich ist.

Il est **six heures et demie.** 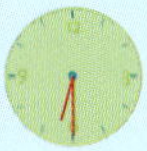

So gibst du die Zeit mit „Viertel nach“ oder „Viertel vor“ an:

... et quart Viertel nach („und ein Viertel“)
... moins le quart Viertel vor („weniger ein Viertel“)

Merke:
- Bei ***et quart*** steht **kein Artikel.**
- Bei ***moins le quart*** muss der **bestimmte Artikel** stehen.

Il est **six heures et quart.** 

Il est **sept heures moins le quart.** 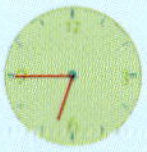

Wenn du die Uhrzeit in Minuten angibst, zählst du **bis halb** die Minuten zu der **vollen Stunde** dazu, **nach halb** ziehst du die Minuten von der **nächsten vollen Stunde** ab.

Il est une heure cinq. 

 Il est deux heures vingt-neuf.

Il est quatre heures moins vingt-neuf. 

Aufgepasst: „Mittag“ heißt ***midi***, „Mitternacht“ heißt ***minuit***.
„Es ist 12 Uhr.“ wird stets mit ***«Il est midi / minuit.»*** übersetzt!

Il est **midi.** 

Il est **minuit.** 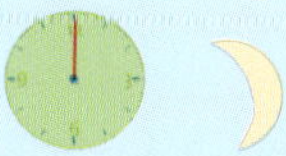

WISSEN

ÜBUNG 17 ***Quelle heure est-il?*** **Lies die Uhrzeit ab und schreibe sie aus.**

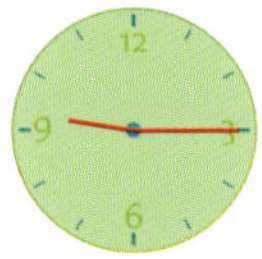

1.

2.

3.

4.

ÜBUNG 18 ***Vous avez l'heure?*** **Schreibe die Uhrzeit auf.**

10.20 h Il est

16.34 h

12.00 h

7.45 h

1.30 h

ÜBUNG 19 **Pierre hat heute seine Uhr vergessen. Vor dem Eiffelturm fragt er einige Touristen, die leider nicht gut Französisch sprechen. Verbessere die folgenden Sätze.**

ACHTUNG FEHLER

Il est douze heures.

Il est une heure et une demie heure.

Il est trois heures moins un quart.

Il est cinq heures et dix.

Il est quatre heures et un quart.

ÜBUNG 20 **Übersetze die folgenden Sätze in dein Übungsheft.**

Wie spät ist es ? – Es ist Viertel vor drei.
Ist es Mitternacht oder Mittag?
Es ist schon halb fünf!
Es ist Viertel nach elf. Jetzt mache ich eine Pause.

8.4 Orts- und Zeitangaben

Die Präpositionen des Ortes

Die Präpositionen des Ortes antworten auf die Fragen **„wo?“, „wohin?“, „woher?“.**

Il est à la maison. *(wo?)*
Il va à la gare. *(wohin?)*

Merke dir folgende örtliche Präpositionen:

à Paris	in / nach Paris	Monique va **à Paris.**
à la maison	zu / nach Hause	Je suis **à la maison.**
au magasin	in den / zum Laden	Nous sommes **au magasin.**
à droite	nach rechts	Regardez, **à droite,** Notre-Dame,
à gauche	nach links	**à gauche,** la Seine.
chez Luc	zu / bei Luc (Person)	Je vais **chez** mon ami Pascal.
de Paris	von / aus Paris	Tu es **de Paris?**
dans	in	**Dans** l'armoire, il y a des pulls.
devant	vor	**Devant** l'ordinateur, il y a une souris.
derrière	hinter	Le chat est **derrière** la poubelle.
en France	in / nach Frankreich	Je passe mes vacances **en France.**
en classe 5 A	in die / in der Klasse 5 a	Nadine est **en** cinquième B.
en face de	gegenüber	**En face de** l'hôtel, il y a un restaurant.
entre	zwischen	Ludivine est **entre** Nadine et Luc.
près de	in der Nähe von	Tu trouves un hôtel super **près de** Lyon.
sous	unter	**Sous** la chaise, il y a des chiens.
sur	auf	**Sur** le lit, il y a un chat.

Merke: „auf der Straße“ heißt ***dans la rue.***

Dans la rue de Rivoli, il y a des cafés, des magasins et des restaurants.

Die Präpositionen der Zeit

Die Präpositionen der Zeit geben an, **wann** etwas geschieht.

Merke dir folgende zeitliche Präpositionen:

à demain	bis morgen	Alors, **à demain!**
à trois heures	um drei Uhr	**À deux heures,** Madeleine rentre.
après	nach	**Après** l'école, nous faisons nos devoirs.
avant	vor	**Avant** la fête, je prépare des sandwichs.
jusqu'à	bis	Je travaille **jusqu'à** neuf heures.
pendant	während	**Pendant** les maths, je fais attention.

ÜBUNG 21 **Löse das folgende Rätsel. Schreibe die nummerierten Buchstaben auf die Schreiblinie unten über die roten Zahlen. Als Lösung ergibt sich ein Satz.**

1. nahe bei: _ _ _ _   _ _ (4)   2. in: _ _ _ _ (7)

3. zwischen: _ _ _ _ _ (8)   4. links: _   _ _ _ _ _ _ (9)

5. rechts: _   _ _ _ _ _ _ (2)   6. vor (zeitl.): _ _ _ _ _ (1)

7. hinter: _ _ _ _ _ _ _ _ (6)

8. vor (örtl.): _ _ _ _ _ _ (3)   9. bei (Person): _ _ _ _ (10)

10. gegenüber: _ _   _ _ _ _   _ _ (5)

Lösung: _ _ _ _ la _ _ _ _ _ _ !
(1 2 3 4   5 6 7 8 9 10)

WISSEN

„vor“: zeitlich oder örtlich?

- Die Präposition ***avant*** ist zeitlich – Gegenteil: ***après*** (nach)
- Die Präposition ***devant*** ist örtlich – Gegenteil: ***derrière*** (hinter)

Avant le cours d'allemand, je fais mes devoirs, après l'école, je joue au foot.
Devant la maison, il y a un arbre.
Derrière la maison, il y a le jardin.

ÜBUNG 22 **Setze die passenden Präpositionen ein.**

Le café est ________ la maison de Paul. (rechts von)

Pierre va ________ la piscine. (in)

________ trois heures, nous travaillons. (um)

________ la cuisine, il y a des baguettes et des croissants. (in)

La station de métro est ________ l'école. (nahe bei)

Les livres sont ________ la table. (auf)

________ la table, il y a les sacs à dos. (unter)

ÜBEN

ÜBUNG 23 **Vergleiche die Bilder, nenne die Unterschiede. Schreibe in dein Übungsheft.**

Beispiel: Le livre n'est pas sur la table, il est sur la chaise.

ÜBUNG 24 **Übersetze die folgenden Sätze.**

Laurence ist immer vor dem Fernseher.

Die Schuhe sind hinter dem Sessel *(le fauteuil)*.

Das Sportgelände ist neben der Schule.

Vor der Unterrichtsstunde sind wir im Schulhof.

In der Nähe des Hotels gibt es ein Café.

Das Schwimmbad ist zwischen der Turnhalle und dem Park.

Heute gehen wir zu meiner Tante und danach zur Bäckerei.

Während der Ferien fährt er nach Berlin und nach Frankreich.

Klassenarbeit 1

45 Minuten

AUFGABE 1 **Schreibe die folgenden Zahlen aus.**

15	___	61	___
5	___	77	___
14	___	80	___
4	___	81	___
30	___	98	___

AUFGABE 2 **Schreibe die Rechenaufgaben mit französischen Zahlen und finde die Lösung. Hast du richtig gerechnet, so findest du die Zahl im Sack. Hake sie ab.**

16 + 22 + 38 – 50 = ___

___

69 – 18 – 11 + 32 = ___

___

97 – 44 – 20 – 24 = ___

___

AUFGABE 3 **Was passt jeweils in die Lücke: *de, des, d'* oder bleibt sie leer?**

Marc: «Nous avons encore ___ bananes?»

Mme Dubois: «Non, nous n' avons plus ___ bananes mais on a beaucoup ___ pommes. Achète ___ oranges, un kilo ___ tomates et trois ___ kiwis.»

Marc: «On a assez ___ café et ___ croissants?»

Mme Dubois: «On a un kilo ___ café mais il n'y a plus ___ croissants. Achète dix ___ croissants.»

Marc: «D'accord. J'achète aussi ___ abricots, deux litres ___ eau et six ___ œufs *(Eier)*.»

AUFGABE 4 **Charles Tagesablauf. Bilde Sätze und bringe sie in die richtige Reihenfolge.**

être au lit – aller à l' école – faire les devoirs – avoir cours –
aller à la cantine – rentrer à la maison – être dans la salle de bains

6.00 h À six heures, Charles est dans la salle de bains.

7.16 h

7.50 h

12.00 h

16.35 h

17.15 h

0.00 h

AUFGABE 5 **Du gehst auf den Markt. Schreibe in ganzen Sätzen, was du kaufst und berechne den Preis. Benutze dazu dein Übungsheft.**

Beispiel: J'achète deux kilos de tomates. Ça fait trois euros quarante.

- 2 kg pommes
- 3 kg oranges
- 3 kg bananes
- 5 citrons
- 4 kg carottes

AUFGABE 6 **Übersetze die Sätze und schreibe sie in dein Übungsheft.**

Auf der Straße sind viele Autos und wenige Fahrräder.
Marie geht zur Bäckerei *(la boulangerie)*, Sarah und Paul gehen zu Pierre.
Vor der Schule ist ein Baum.
Vor der Pause *(la récréation)* gehe ich nach Hause.

Klassenarbeit 2

45 Minuten

AUFGABE 7 **Korrigiere die Zahlwörter. Schreibe in dein Übungsheft.**

ACHTUNG FEHLER

1. quatre-vingts-neuf
2. soixante-vingt
3. soixante-dix-un
4. cinquante-quinze

AUFGABE 8 **Welche Zahl fehlt? Ergänze. Schreibe anschließend alle Rechnungen mit Zahlwörtern in dein Übungsheft.**

1. 28 + ______ − 40 = 5
2. ______ + 13 − 35 = 55
3. 82 − 29 + ______ = 68
4. ______ − 16 − 51 = 31

AUFGABE 9 **Setze jeweils die passende Mengenangabe ein.**

assez de – trois kilos de – un verre de – trop de – plus de –
un paquet de – une tasse de

Dix salades! Tu as acheté ______ salades.

Mathilde a trois pulls, Marie a dix pulls. Marie a ______ pulls.

Cet ordinateur coûte 600 €. J'ai ______ argent pour l'acheter.

Nous avons ______ pommes et ______ farine.

Qu'est-ce que tu veux boire: ______ coca? – Non, je prends ______ thé.

AUFGABE 10 **Übersetze die folgenden Sätze. Schreibe in dein Übungsheft.**

Heute Morgen kauft Marc drei Baguette und viele Hörnchen beim Bäcker.
Unter dem Haus ist ein großer Keller *(la cave)*.
Hinter dem Haus ist ein kleiner Garten.
Vor den Ferien gibt es ein Fest in der Schule.
Wo ist meine Katze? Sie ist nicht unter meinem Bett.
Nach einer Stunde hat sie die Hausaufgaben fertig gemacht.
Camille geht ins Cafe neben dem Papierwarengeschäft, dann geht sie in den Laden gegenüber dem Park.
Um 15.35 Uhr schaut Antoine auf seine Uhr: Noch eine Stunde Unterricht!

Stichwortfinder